江西省生态经济学会学术著作

创新中的江西生态经济

——江西省生态经济学会第三届会员代表大会暨 2017 年学术年会论文集

黄国勤　主编

中国环境出版集团·北京

图书在版编目（CIP）数据

创新中的江西生态经济：江西省生态经济学会第三届会员代表大会暨 2017 年学术年会论文集/黄国勤主编. —北京：中国环境出版集团，2018.12

ISBN 978-7-5111-3863-7

Ⅰ. ①创… Ⅱ. ①黄… Ⅲ. ①生态经济—经济发展—江西—学术会议—文集 Ⅳ. ①F127.56-53

中国版本图书馆 CIP 数据核字（2018）第 292662 号

出 版 人　武德凯
责任编辑　孔　锦
责任校对　任　丽
封面设计　岳　帅

更多信息，请关注
中国环境出版集团
第一分社

出版发行　中国环境出版集团
（100062　北京市东城区广渠门内大街 16 号）
网　　址：http://www.cesp.com.cn
电子邮箱：bjgl@cesp.com.cn
联系电话：010-67112765（编辑管理部）
010-67112735（第一分社）
发行热线：010-67125803，010-67113405（传真）

印　　刷　北京建宏印刷有限公司
经　　销　各地新华书店
版　　次　2018 年 12 月第 1 版
印　　次　2018 年 12 月第 1 次印刷
开　　本　787×960　1/16
印　　张　13.5
字　　数　210 千字
定　　价　59.00 元

编 委 会

前 言

“创新”是党中央提出的五大新发展理念（创新、协调、绿色、开放、共享）之一，是引领发展的第一动力。当前，全国上下正在按照党中央的战略部署，全力推进各方面工作的创新和发展。

江西省生态经济学会自2002年6月成立至今，在上级主管部门的领导下，按照江西省委、省政府的具体要求，紧密结合江西的自然与社会经济特点，积极推进江西生态经济向前发展，尤其是积极参与了江西省国家生态文明试验区建设的各项工作。

2017年12月17日，江西省生态经济学会第三届会员代表大会暨2017年学术年会在江西农业大学召开。会议不仅选举产生了江西省生态经济学会新一届理事会，还着重就江西生态经济的创新与发展，以及江西国家生态文明试验区建设的若干理论与实践问题进行了广泛交流和研讨，取得了良好效果。

为进一步梳理会议取得的成果，以便今后更好地推进江西省生态经济学会工作，以及促进江西生态经济的创新和发展，经研究决定，将会议交流论文进行筛选，将江西省生态经济学会第二届理事会所做的工作进行整理，并将二者汇编成册，结集以《创新中的江西生态经济》为书名出版。

全书分三部分。第一部分，学会文件，主要包括江西省生态经济学会第二届理事会工作报告、江西省生态经济学会第三届会员代表大会暨2017年学术年会纪要、新修订的《江西省生态经济学会章程》，以及江西省生态经济学会第三届理事会组成。第二部分，筛选了会议交流的论文10篇，内容涉及国家生态文明试验区建设、生态文明与绿色发展、流域综合治理、生态保护和产业结构调整等，从研究内容和研究方法来看，具有一定的理论性、实践性和创新性。第三部分，汇集了江西省生态经济学会第二届理事会2009—2017年度工作总结，其工作的务实性和创新性可见一斑。

该书由赵其国院士、刘宜柏教授、王晓鸿研究员任学术顾问，江西省生态经济学会理事长黄国勤教授任主编，江西省生态经济学会秘书长王淑彬讲师任副主编。该书的出版，得到了江西省科学技术协会、江西省生态经济学会科技服务站经费、中国环境出版集团的大力支持，还得到了江西省生态经济学会挂靠单位江西农业大学的大力支持。在此，一并致以衷心感谢！

因时间仓促，加之能力和水平有限，书中难免有不足甚至错误之处，敬请各位读者多加批评！

江西省生态经济学会　理事长

江西农业大学　二级教授、博士生导师

黄国勤

2018年9月1日于南昌

目 录

第一部分 学会文件

第二部分 学术研讨

第三部分 工作总结

第一部分

学会文件

江西省生态经济学会第二届理事会工作报告

黄国勤

（江西省生态经济学会第二届理事会理事长）

各位代表：

我受江西省生态经济学会第二届理事会的委托，向大会做工作报告，请各位代表予以审议。

江西省生态经济学会于2009年2月21日召开第二届会员代表大会，至今已8年多了。在这8年多的时间里，在江西省民政厅、江西省科学技术协会的领导下，理事会全体成员团结协作、共同努力，带领全体会员积极进取、踏实工作，为生态经济学科发展和全省生态经济建设做出了积极贡献。现将第二届理事会8年来的工作报告如下。

一、主办学术会议

在这8年多的时间里，江西省生态经济学会共主办学术年会3次。

2010年4月24日，在江西农业大学成功召开了“江西省生态经济学会2010年学术年会暨发展低碳经济与建设鄱阳湖生态经济区学术研讨会”，出席会议代表60余人，会议收到论文、资料近40篇，并于会前编印了《论文集》，会后出版了《探索中的江西低碳经济》。

2015年12月19—20日，由江西省生态经济学会主办，江西省生态经济学会科技服务站、江西农业大学生态科学研究中心承办的“江西省生态经济学会2015年学术年会暨循环经济理论与实践学术研讨会”在江西余江县召开。本次年会研讨的主题是“循环经济理论与实践”。来自江西农业大学、江西师范大学、江西省农科院、江西省气象局、江西省科学院、江西省山江湖开发治理委员会办公室、余江县农业局、邓家埠原种场农科所、余江县农科所、万年县科协、万年县农业局等单位50余名代表参加会议。会议由江西省生态经济学会理事长、江西农业大学首席教授黄国勤主持，江西省科技协会副主席孙卫民、余江县人民政府副县长陈党红以及余江县农业局局长陈世忠出席开幕式。黄国勤、殷剑敏、戴年华、傅琼等7位专家作大会报告，内容涉及循环经济理论、实践及适应气候变化的研究。走绿色低碳循环的发展道路是大势所趋，这次会议的召开，对于全省循环经济的发展、资源高效利用和循环利用、经济社会可持续发展具有积极的推动作用。大会共收到交流论文20余篇。

2016年11月19—20日，由江西省生态经济学会主办，江西省生态经济学会科技服务站、江西农业大学生态科学研究中心承办的“江西省生态经济学会2016年学术年会暨绿色经济发展学术研讨会”在江西南昌市滨江宾馆召开。本次年会研讨的主题是“绿色经济发展——理论、实践、模式与途径”。来自江西农业大学、江西财经大学、江西省农科院、江西省社科院、江西省农业厅等单位40余名代表参加会议。会议由江西省生态经济学会理事长、江西农业大学首席教授黄国勤主持，江西省科学技术协会副主席孙卫民出席了会议。黄国勤等作了大会报告，内容涉及绿色经济理论、实践及绿色产业方面的研究。走绿色低碳循环的发展道路是大势所趋，这次会议的召开，对于全省绿色经济的发展、资源高效利用和经济社会可持续发展具有积极的推动作用。大会共收到交流论文约20篇。

二、承办学术活动

在这8年多的时间里，江西省生态经济学会共承办学术活动5次，具体如下述。

2010年10月26—27日，江西省生态经济学会承办的“2010年促进中部崛起专家论坛——发展低碳经济与建设鄱阳湖生态经济区专题论坛”在南昌胜利举办。来自包括中部六省（河南、山西、湖南、湖北、安徽、江西）在内的全国各地的专家、学者100余人参加会议。会议收到论文、资料近50篇，并于会前编印了《论文集》，会后正式出版《低碳经济理论与实践》一书。

2011年1月20日，由江西省科协主办，江西省生态经济学会承办的“江西省科协系列学术沙龙第28期——鄱阳湖生态经济区高效生态农业发展学术沙龙”在江西农业大学校友楼举行。来自江西省委政策研究室、南昌大学、江西师范大学、江西农业大学的专家、学者20余人参加了会议。江西省科学技术协会党组书记龚绍林到会指导并讲了话，江西农业大学党委书记石庆华、校长黄路生出席沙龙并致辞。沙龙由江西省科学技术协会副主席梁纯平主持。沙龙以鄱阳湖生态经济区高效生态农业发展为主题，展开研讨，江西省生态经济学会理事长、江西农业大学首席教授黄国勤首先做了题为《论高效生态农业》的精彩报告；江西农业大学经贸学院教授朱述斌做了题为《鄱阳湖生态经济区现代农业发展道路选择》的报告；江西农业大学林学院郭晓敏教授、南昌大学万金保教授、江西师范大学鄱阳湖生态中心陈晓玲教授等也在会上做了学术报告。与会专家围绕主题进行广泛而深入地探讨，提出了许多意见和建议。

2012年7月19—22日，由中国生态经济学会生态经济教育专业委员会主办、江西省生态经济学会承办的“中国生态经济建设2012·南昌论坛”，于7月20日江西农业大学和井冈山召开。会议邀请了江西省人大常委会副主任胡振鹏，江西农业大学党委书记石庆华、校长黄路生、副校长陈金印，江西省科协副主席梁纯平，中国生态经济学会副秘书长于法稳、中国生态经济学会生态经济教育专业委员会主任刘思华出席仪式，我校科技处、农学院等单位负责同志及大会代表参加了开幕式。会议由江西省生态经济学会理事长黄国勤主持，梁纯平、于法稳、刘思华等分别致辞，胡振鹏在会上做了《绿色崛起与鄱阳湖生态经济区建设》的精彩报告，肖建中、严立东等专家分别做了题为《发展休闲养生经济推进生态文明建设》《绿色农业理论建构与实践运用研究》的学术报告。本次大会以“发展生态经济，促进绿色崛起”为主题，具有时代性、国际性、创新性的特点，代表了当今世界可持续发展的前沿和方向。

2013 年 10 月 17—20 日，中国生态学学会主办、江西省生态经济学会等承办的“中国生态学学会第九届全国会员代表大会暨 2013 年学术年会”在南昌召开。来自全国各地的 1 200 余位生态学研究专家、学者云集南昌，围绕“面向国家需求、促进生态学科发展”的主题，深入探讨生态文明与美丽中国建设等前沿问题。中国工程院院士李文华、王如松，中国科学院院士赵其国，江西农业大学校长、中国科学院院士黄路生，副校长陈金印，中国科协学术部、环保部、国家林业局、国家自然科学基金委、中国科学院等单位的领导、专家应邀出席开幕式。江西农业大学副校长陈金印、中国生态学会理事长刘世荣、中国科协学术部副部长范唯、环保部自然生态司司长庄国泰等分别在大会上致辞，对年会召开表示热烈祝贺。陈金印在致辞中介绍了江西作为生态大省，实施绿色崛起、生态立省战略的基本情况，衷心感谢并欢迎兄弟院校、科研院所和各位专家进一步与江西农业大学开展科技交流与合作。中国工程院院士李文华、王如松，中国科学院院士赵其国分别围绕中国生态学研究的进展与展望、“五位一体”建设生态文明的几个科学问题、中国南方红壤生态系统面临的问题及对策等主题作了大会特邀报告。与会学者围绕中国生态文化与生态文明、全球变化背景下的生态恢复、森林生态系统对气候变化的影响与适应等 15 个分论坛，各抒己见，发表了精彩的学术报告。大会期间，与会代表还就学会理事会换届等工作事宜进行了选举表决。大会选举产生了中国生态学会第九届理事会常务理事、理事长、副理事长等人选。大会还就学会中的先进集体、先进工作者、第三届青年科技奖获得者、本次学术年会青年优秀报告奖获得者等系列先进进行了表彰。

2014 年 12 月 27—28 日，江西省生态经济学会在江西省万年县神农大酒店召开了“第三届江西省科协学术年会第 37 分会场暨江西省生态经济学会 2014 年学术年会”，来自江西农业大学、江西师范大学、省气象局、省科学院、省林科院等单位的 50 余名专家代表参加会议。会议由江西省生态经济学会理事长、江西农业大学首席教授黄国勤主持。万年县人民政府副县长江德明出席开幕式并致辞。黄国勤、戴年华、王淑彬等 8 位专家就江西省生态文明先行示范区建设的理论、实践及未来发展趋势等问题做大会专题报告。大会共收到交流论文 26 篇。

三、举办学术报告会

2010 年 4 月 21 日，江西省生态经济学会举办学术报告会，邀请西北农林科技大学王立祥教授到来江西农业大学做了题为“现代化与现代农业”的学术报告。

2012 年 10 月 22 日，江西省生态经济学会邀请青岛大学国际商学院教授、博士生导师姜学民来到江西农业大学，做了“全球十大生态系统面临的现状、问题及其治理对策”学术报告。

2014 年 10 月 16 日，江西省生态经济学会主办了学术报告会，邀请中国科学院动物研究所盛承发研究员在江西农业大学学术报告，报告题目：害虫生态防治研究与应用。

四、参加学术交流活动

在这 8 年多时间里，江西省生态经济学会会员积极参加国内外学术交流活动，或是在学术会议上作专题报告，或是在会议分会场作交流发言，或是论文入选会议《论文集》等。据粗略统计，共有 100 余人次参加国际、国内学术会议。以下列出代表性活动 11 次。

2010 年 5 月 6—7 日，学会理事长黄国勤参加在上海召开的“中国环境科学学会 2010 年学术年会——‘十二五’环境保护规划咨询会暨全球华人科学家环境论坛”，提交论文“低碳经济及其国内外的新进展”并在会上交流，且入选会议《论文集》公开出版。

2010 年 10 月 22—24 日，“2010 中国可持续发展论坛暨中国可持续发展研究会学术年会”在山东济南举行。中国科协常务副主席、书记处第一书记、中国可持续发展研究会理事长邓楠出席开幕式并作主旨报告。黄国勤提交的 2 篇论文入选会议论文集公开发表。

2011 年 9 月 21—22 日，在第十三届中国科协年会第六分会场“绿色经济与沿海城市可持续发展战略国际研讨会”（The 6th Session of the 13th Annual Meeting of China Association for Science and Technology “International Symposium on Green Economy and Sustainable Development Strategies of Coastal Cities”）上，黄国勤撰写的论文“Exploration and Practices of Green Rising in Jiangxi Province”在大会上进行了交流。

2011 年 6 月 9—12 日，在由联合国粮农组织主办、中国科学院地理科学与资源研究所承办的“全球重要农业文化遗产国际论坛”（International Forum on Globally Important Agricultural Heritage Systems）上，黄国勤撰写的论文“东乡野生稻的发现、价值与保护”［The Discovery，Value and Protection of Dongxiang Wild Rice（Oryza rufipogon Griff.）in China］在大会上进行了交流。

2012 年 5 月 30 日，江西省生态经济学会理事长黄国勤在江西农业大学生态科学研究中心接待了来访的印度尼西亚专家 Paulus Rudolf Yuniarto，Erlita Tantri，M.A.，Saiful Hakam 以及翻译人员，一行 4 人，双方就江西及长江中下游洪涝灾害发生发展规律及防灾减灾方面的研究与进展进行了广泛交流。

2013 年 8 月 17 日，理事长黄国勤和秘书长王淑彬参加了中国生态经济学会生态经济教育专业委员会在浙江杭州举办的“2013 中国生态经济建设·杭州论坛”，黄国勤在会上作了报告，并主持了分会场会议。

2014 年 11 月 14—16 日，学会理事长黄国勤参加中国生态经济学学会 30 周年庆典暨 2014 年学术年会，在第二分会场“现代农业与生态农业专题”上做分会场专题报告，报告题目：循环农业的产生、含义及生态经济特征。

2015 年 4 月 9—11 日，理事长黄国勤参加第十届中国软科学学术年会、中国软科学研究会第五届会员代表大会暨第五届理事会换届选举大会，并当选新一届中国软科学研究会常务理事。

2015 年 10 月 18—20 日，学会理事长黄国勤参加“3rd International Symposium on Sustainable Agriculture for Subtropical Regions”会议，在第 1 分会场上作“Explore on Problems of Food Safety in China”的专题报告，并主持第 3 分会场会议。

2016 年 12 月 8—10 日，第六届中国湖泊论坛在南昌举行，黄国勤提交的论文“中国湖泊生态系统的特征与功能”入选会议论文集《湖泊流域综合管理与生态文明》，并由江西科学技术出版社于 2017 年 6 月正式出版。

2017 年 8 月 21—25 日，在北京召开的“第十二届国际生态学大会”（INTECOL 2017 Beijing）上，黄国勤提交的论文“Sustainable Development of Red Soil Upland Ecosystem in South China”入选会议论文集“INTECOL 2017 BEIJING：International Congress of Ecology-Ecology and Civilization in Changing World”，August 20-25，2017，Beijing・China。

五、参加社会服务

据不完全统计，在这 8 年多的时间里，江西省生态经济学会会员共参加各类社会服务活动在 80 次以上。下面列出参加的代表性社会服务 9 次：

2010 年 9 月 21 日，学会理事长黄国勤参加宜春市委、市政府主办的“明月山温泉休闲度假产业高峰论坛”，并做了题为“明月山温泉休闲度假产业可持续发展的几个问题”的专题报告，为该市明月山温泉休闲度假产业发展起到了积极作用。

2011年10月24—28日，黄国勤作为江西省政协人口资源环境委员会专家组成员，在省政协人资环委的组织下，先后前往进贤县、余干县和鄱阳县，就“鄱阳湖渔业资源利用与保护”进行调研，并提出了有益的意见和建议。

2012年5月20日，黄国勤接受《江西日报·江报直播室》记者肖蓓的专题采访，就“一场洪灾，逼生米藠头闯新路”进行了分析，并发表了个人看法，对农村灾后恢复与重建具有参考价值。该采访的主要内容（文字和视频）在《大江网-江西日报》（http：//www.jxnews.com.cn，2012-05-25）发表。

2013年11月25日，理事长黄国勤在《乐平市现代农业发展报告会》上做了题为“现代农业与规模化生产”的学术报告，对促进乐平市乃至全省现代农业与规模化生产发展具有积极意义。

2014年7月14—18日，学会理事长黄国勤参加了江西省政协人资环委组织的“全省污水处理设施建设及运行情况”专题调研。调研组分赴崇仁县、宜黄县、抚州市、金溪县、贵溪市、鹰潭市、弋阳县、广丰县、玉山县、上饶市、鄱阳县等地考察调研。

2015年5月17—19日，理事长黄国勤受江西省社会科学联合会特邀，参加“大力推进生态文明，努力建设美丽吉水——社科大讲堂走进吉水”活动，在对吉水县生态文明进行实地考察、调研的基础上，为全县领导和群众500人做了“生态文明理论与实践”的专题讲座。

2015年11月18日，黄国勤应邀为江西省农村社会事业发展局主办的“2015年江西省休闲农业和农业文化遗产培训班”授课，授课主题：农业文化遗产及其保护简论。

2016年9月27日，黄国勤参加樟树市农业局组织的“农作物种子质量纠纷田间现场鉴定”（樟树市阁山镇、大桥街办、观上镇樟树市药都南路），并任鉴定专家组组长，有效地调解了农作物种子质量纠纷，维护了当地农村社会和谐稳定。

2017年11月8—10日，黄国勤为“江西省农函大农村新型人才素质提升培训暨南昌市农函大果蔬栽培管理技术培训示范班”授课，授课内容：农业生态环境保护与绿色农业。

六、提供决策咨询

江西省生态经济学会会员多次参加省委、省政府的决策咨询，并取得一定成效。如学会理事长黄国勤带领团队成员，负责起草的“推进江西绿色生态农业十大行动计划”，于 2016 年 4 月 8 日作为江西省人民政府办公厅文件《江西省人民政府办公厅关于推进绿色生态农业十大行动计划的意见》（赣府厅发〔2016〕17 号）正式发布。

七、开展科学研究

2009—2011 年，学会理事长黄国勤、秘书长王淑彬等同志参与了由江西省科协党组书记龚绍林、副主席梁纯平主持的中国科协调研课题“鄱阳湖生态经济区高效生态农业发展模式研究”的调研和考察工作，并撰写课题调研报告。该课题于 2011 年 11 月顺利结题，由课题组撰写的决策咨询建议获得了省委书记的批示。

八、建立科技服务站

江西省生态经济学会已建立万年、余江两个科技服务站。

万年科技服务站。在江西省科协、江西省财政厅的大力支持下，江西省生态经济学会万年科技服务站于 2014 年 6 月获得批准，并于 2014 年 11 月 4 日在万年县农科所举行了“江西省生态经济学会科技服务站揭牌仪式”。

余江科技服务站。2015 年 12 月 20 日，江西省生态经济学会科技服务站揭牌仪式在余江县农业局举行。江西省科协副主席孙卫民、江西省生态经济学会理事长黄国勤教授、余江县农业局局长陈世忠、党委副书记方登、副局长李秋兴、总农艺师吴金发、江西省生态经济学会副理事长肖运萍以及余江县农业局、农科所、生态经济学会等相关人员出席了揭牌仪式，揭牌仪式由余江县农业局局长陈世忠主持。江西省生态经济学会理事长黄国勤教授在致辞中表示，科技服务站建立以后，重在发挥生态经济学会的智力和组织优势，为该县农业部分提供农业新技术新成果、科技培训等多种形式的科技服务，为促进余江县农业创新发展、农民增收致富提供有力支持！江西省生态经济学会科技服务站是省科协学会科普能力提升的重要组成部分，其目的是依托省科协所属各省级学会的智力优势和组织优势，使学会与基层单位建立相对固定的、长期的联系，为基层单位提供产学研合作、新技术新成果推广、新产品开发、学术交流与研讨、技术培训、科技咨询等多种形式的科技服务。

九、出版学术著作

在这8年多的时间里，江西省生态经济学会通过举办（主办或承办）学术会议，将提交会议交流的论文汇编成册，公开出版，起到了“营造学术氛围、扩大学术交流、提高学术水平、扩大学术影响”的作用，为建设“富裕美丽幸福江西”做出了积极贡献。

出版的学术著作包括《发展中的江西生态经济》《探索中的江西低碳经济》《兴起中的江西循环经济》《崛起中的江西绿色经济》《建设中的江西生态文明》《生态经济与绿色崛起》《低碳经济理论与实践》。

十、加强队伍建设

加强学会队伍建设，对于学会的发展壮大至关重要。一是坚持每年召开1～2次常务理事会，研究学会发展问题；二是积极发展新会员，坚持在“符合条件的前提下，自愿入会”的原则，尤其是鼓励青年科技人才加入江西省生态经济学会，充分发挥青年人的作用；三是在江西省科协、江西省民政厅的领导下，在中国生态经济学学会的指导下，扎实开展江西省生态经济学会的日常各项工作，促进学会有序发展、稳步发展和可持续发展。

谢谢大家！

江西省生态经济学会第三届会员代表大会暨2017年学术年会纪要

（一）

2017年12月16—17日，江西省生态经济学会第三届会员代表大会暨2017年学术年会在江西农业大学校友楼召开。江西省科协副主席孙卫民到会指导并讲话，江西农业大学副校长黄英金致欢迎辞。来自全省各地从事生态经济管理、教学、科研和推广的领导、专家、学者共计60余人出席会议。会议由江西省生态经济学会理事长、江西农业大学首席教授黄国勤主持。

（二）

这次会议主要完成了以下六项议程：

（1）全体会议代表认真学习了2017年12月12日习近平致中国农学会成立100周年的贺信。

（2）讨论并通过了由江西省生态经济学会第二届理事会理事长黄国勤教授所做的《江西省生态经济学会第二届理事会工作报告》。

（3）修改、完善了《江西省生态经济学会章程》。

（4）选举产生了学会新一届理事会组成人员，55人当选理事、18人当选常务理事，黄国勤当选理事长，肖运萍、殷剑敏、李志萌、戴年华为副理事长，王淑彬任秘书长。

（5）成功召开了学会 2017 年学术年会。围绕江西生态经济创新与发展、国家生态文明试验区建设等主题，广泛开展了学术交流与研讨，黄国勤、殷剑敏、李志萌、谢花林、张利国、余达锦等专家分别以“以党的十九大精神为指导，统筹山水林田湖草系统治理”“气象助推江西生态经济”“绿色有机农业：全国生态文明试验区建设的重要路径”“健全耕地休养生息制度”“国家生态文明试验区建设背景下鄱阳湖流域绿色产业发展的几点思考”“生态城镇化背景下区域经济发展效率研究——以江西省为例”为题，做了大会报告，取得良好效果。

（6）与会代表还就学会 2018 年拟开展的工作畅所欲言，各抒己见。2018 年江西省生态经济学会拟围绕国家生态文明试验区建设，重点开展以下几方面的工作：①加强学术交流。学术交流是学会工作生命力所在，2018 年 11—12 月，拟召开学术年会；②开展学术研究；③开展科普活动；④开展社会服务；⑤加速人才培养；⑥加快学科建设，等等。可以说，代表们的建设性意见和建议，对办好学会、发展学会，尤其是做好学会 2018 年工作具有积极意义。

在完成上述五项议程之后，新一届理事会理事长黄国勤教授做了简短总结讲话。他说，这次会议完成了预期任务、取得了预期成效、达到了预期目标，会议开得很成功！他希望新一届理事会和全体会员，要做到三点。

一是要有“责任”意识。既然你当选了江西省生态经济学会理事、常务理事，是江西省生态经济学会的“干部”“领导”，就要担负起促进江西省生态经济学会发展的“责任”，不仅要有“名”，还要有“实”，要为江西省生态经济学会的发展多做“实事”，决不能“徒有虚名”而不干实事。即使你不是江西省生态经济学会理事、常务理事，你是学会会员，也应关注学会发展，为学会发展做一些力所能及的“小事”“实事”，并通过江西省生态经济学会这一“平台”，展示自己、锻炼自己、提高自己，以真正做到个人与学会同发展、同进步、同提高！

二是要有“合作”意识。江西省生态经济学会是由全省各地、各单位、各方面从事生态经济管理、教学、科研、推广应用的人员组成，要想把江西省生态经济学会的工作做好，必然要大家齐心协力、共同合作。单打独斗、孤立无援，是不可能搞好学会工作的。

三是要有“创新”意识。“创新”是五大新发展理念（创新、协调、绿色、开放、共享）之一，是引领发展的第一动力。要办好江西省生态经济学会的各项工作，唯有“创新”才是出路。我希望江西省生态经济学会的各位理事、各位常务理事、各位会员，一定要将“创新”的意识和理念融入学会工作的方方面面，为学会发展多做“创新”之事，以促进江西省生态经济学会“创新”发展。

（三）

本次会议有以下几个特点：一是领导重视，江西省科协领导、江西农业大学领导都很重视这次会议，到会指导并讲话或致辞；二是会期较短；三是参加会议人员较多；四是青年代表比例高；五是成效明显，效果良好。

江西省生态经济学会章程

第一章　总　则

第一条　江西省生态经济学会，英文译名 Ecological Economics Society of Jiangxi，英文缩写 EESJ。

第二条　江西省生态经济学会是由从事生态经济科学研究的社会科学工作者和自然科学工作者及其相应的单位或团体自愿结成的学术性、非营利性社会团体。

第三条　学会的宗旨是团结全省生态经济工作者，遵守宪法、法律、法规和国家政策，遵守社会道德风尚，大力开展学术研究与交流，为繁荣和发展生态经济科学理论，促进江西生态经济实践，实现 21 世纪江西的可持续发展做出贡献。

第四条　江西省科学技术协会是江西省生态经济学会的业务主管单位，学会接受江西省科学技术协会和江西省民政厅的业务指导和监督管理。

第五条　江西省生态经济学会办公地点设在江西农业大学。

第二章　业务范围

第六条　学会业务范围包括：

（一）积极开展生态经济学术交流活动，组织江西重点生态经济课题的探讨和科学考察活动；

（二）对涉及全省生态经济问题的科学技术政策和规划发挥咨询作用，积极提出合理化建议，及时向有关部门推荐研究成果，反映生态经济工作者的意见和呼声；

（三）普及生态经济科学知识，积极传播生态经济方面的科研成果和经验；

（四）积极开展全国性或国际性的学术交流活动；

（五）编辑出版有关生态经济杂志及省内外和国内外生态经济学术书刊资料。

第三章　会　员

第七条　本学会会员包括团体会员和个人会员。

第八条　申请加入本学会的会员，必须具备下列条件：

（一）拥护本学会的章程；

（二）有加入本学会的意愿；

（三）在本学会的学科领域内具有一定的影响。

第九条　会员入会的程序：

（一）提交入会申请书；

（二）经理事会讨论通过；

（三）由理事会或理事会授权的机构发给会员证。

第十条　会员享有下列权利：

（一）本学会的选举权、被选举权和表决权；

（二）参加本学会的活动；

（三）获得本学会服务的优先权；

（四）对本学会工作的批评建议和监督权；

（五）入会自由、退会自由。

第十一条　会员履行下列义务：

（一）执行本学会决议；

（二）维护本学会合法权益；

（三）完成本学会交办的工作；

（四）按规定交纳会费；

（五）向本学会反映情况，提供有关资料；

（六）积极撰写学术论文、科普作品和参加学术活动。

第十二条 会员退会应书面通知本学会，并交回会员证。会员一年不交纳会费或不参加学会活动的，视为自动退会。

第十三条 会员如有严重违反本章程的行为，经理事会或常务理事会表决通过，予以除名。

第四章 组织机构和负责人产生、罢免

第十四条 本学会的最高权力机构是会员代表大会，会员代表大会的职权是：

（一）制定和修改章程；

（二）选举和罢免理事；

（三）审议理事会的工作报告和财务报告；

（四）决定其他重大事宜；

（五）决定终止事宜。

第十五条 会员代表大会须有 2/3 以上的会员代表出席方能召开，其决议须经到会会员代表半数以上表决方能生效。

第十六条 会员代表大会每届五年（特殊情况可延长一年）。因特殊情况需提前或延期换届的，须由理事会表决通过，报业务主管单位审查并经社团登记管理机关批准同意。但延期换届最长不超过 1 年。

第十七条 理事会是会员代表大会的执行机构，在闭会期间领导本学会开展日常工作，对会员代表大会负责。

第十八条 理事会的职权是：

（一）执行会员代表大会的决议；

（二）选举和罢免理事长、副理事长、秘书长；

（三）筹备召开会员代表大会；

（四）向会员代表大会报告工作和财务状况；

（五）决定会员的吸收或除名；

（六）决定设立办事机构、分支机构、代表机构和实体机构；

（七）决定副秘书长、各机构主要负责人的聘任；

（八）制定内部管理制度；

（九）决定其他重大事项。

第十九条 理事会须有 2/3 以上理事出席方能召开，其决议须经到会理事会 2/3 以上表决方能生效。

第二十条 理事会每年至少召开一次会议；情况特殊的，也可采用通信形式召开。

第二十一条 本学会设立常务理事会。常务理事会由理事会选举产生，在理事会闭会期间行使第一、第三、第五、第六、第七、第八、第九项的职权，对理事会负责。常务理事人数不超过理事人数的 1/3。

第二十二条 常务理事会须有 2/3 以上常务理事出席方能召开，其决议须经到会常务理事 2/3 以上表决通过方能生效。

第二十三条 常务理事会至少半年召开一次会议；情况特殊的也可采用通信形式召开。

第二十四条 本学会的理事长、副理事长、秘书长必须具备下列条件：

（一）坚持党的路线、方针、政策；

（二）在本学会业务领域内有较大影响；

（三）理事长、副理事长、秘书长最高年龄不超过 70 周岁；

（四）身体健康，能坚持正常工作；

（五）未受过剥夺政治权利的刑事处罚的；

（六）具备完全民事行为能力。

第二十五条 学会理事长、副理事长、秘书长如超过最高任职年龄的，须经理事会表决通过，报业务主管单位审查并社团登记机关批准同意后，方可任职。

第二十六条 学会理事长、副理事长、秘书长任期四年（理事长、副理事长、秘书长任期最长不超过三届）。因特殊情况需延长任期的，须经会员代表大会 2/3 以上会员表决通过，报业务主管单位审查经社团登记管理机关批准同意后方可任职。

第二十七条 本学会法定代表人由理事长、副理事长或秘书长担任，本学会法定代表人不兼任其他团体的法定代表人。

第二十八条 本学会理事长行使下列职权：

（一）召集和主持理事会；

（二）检查会员代表大会、理事会决议的落实情况；

（三）代表本学会签署有关文件。

第二十九条 本学会秘书长行使下列职权：

（一）主持办事机构开展日常工作，组织实施年度工作计划；

（二）协调各分支机构、代表机构、实体机构开展工作；

（三）提名副秘书长以及各办事机构、分支机构、代表机构和实体机构主要负责人，交理事会或常务理事会决定；

（四）决定办事机构、代表机构、实体机构专职工作人员的聘用；

（五）处理其他日常事务。

第三十条 本学会可根据工作需要，由常务理事会讨论决定聘请学会顾问。

第五章 资产管理、使用原则

第三十一条 本学会经费来源：

（一）会费；

（二）捐赠；

（三）政府资助；

（四）在核准的业务范围内开展活动或服务的收入；

（五）利息；

（六）其他合法收入。

第三十二条 本学会按照国家有关规定收取会员会费。

第三十三条 本学会经费必须用于本章程规定的业务范围和事业的发展，不得在会员中分配。

第三十四条 本学会建立严格的财务管理制度，保证会计资格法真实、准确、完整地执行。

第三十五条 本学会配备具有专业资格的会计人员。会计不得兼任出纳。会计人员必须进行会计核算，实行会计监督。会计人员调动工作或离职时，必须与接管人员办清交接手续。

第三十六条 本学会的资产管理必须执行国家规定的财务管理制度，接受会员代表大会和财政部门的监督。资产来源属于国家拨款或者社会捐赠、资助的，必须接受审计机关的监督，并将有关情况以适当方式向社会公布。

第三十七条 本学会换届或更换法定代表人之前必须接受社团登记管理机关和业务主管单位组织的财务审计。

第三十八条 本学会的资产，任何单位、个人不得侵占、私分和挪用。

第三十九条 本学会专职工作人员的工资和保险、福利待遇，参照国家对事业单位的有关规定执行。

第六章 章程的修改程序

第四十条 对本学会章程的修改，须经理事会表决通过后报会员代表大会审议。

第四十一条 本学会修改的章程，须在会员代表大会通过后 15 日之内，经业务主管单位同意，并报社团登记管理机关核准后生效。

第七章 终止程序及终止后财产处理

第四十二条 本学会完成宗旨或自行解散或由于分立、合并等原因需要注销的，由理事会或常务理事会提出终止动议。

第四十三条 本学会终止动议须经会员代表大会表决通过，并报业务主管单位审查同意。

第四十四条　本学会终止前，须在业务主管单位及有关机关指导下成立清算组织，清理债权债务，处理善后事宜。清算期间，不开展清算以外的活动。

第四十五条　本学会经社团登记管理机关办理注销登记手续后即为终止。

第四十六条　本学会终止后的剩余财产，在业务主管单位和社团登记管理机关的监督下，按照国家有关规定，用于有利于发展与本学会宗旨相关的事业。

第八章　附　则

第四十七条　本章程经 2017 年 12 月 17 日会员代表大会表决通过。

第四十八条　本章程的解释权属本学会理事会。

第四十九条　本章程自社团登记管理机关核准之日起生效。

江西省生态经济学会第三届理事会组成

（2017 年 12 月 17 日通过）

理 事 长：黄国勤

副理事长：肖运萍　殷剑敏　李志萌　戴年华

秘 书 长：王淑彬

副秘书长：周　泉

常务理事：（18 人，排名不分先后）

黄国勤　肖运萍　殷剑敏　李志萌　戴年华　谢花林　张利国
廖文梅　陈　葵　胡小飞　王淑彬　肖复明　倪才英　吕爱清
许　彬　谢爱林　徐聪荣　杨期勇

理　　事：（55 人，排名不分先后）

黄国勤　肖运萍　殷剑敏　李志萌　戴年华　谢花林　张利国
黄和平　潘　丹　余达锦　谢冬明　戴天放　陈　葵　严玉平
郑博福　胡小飞　于义科　肖复明　倪才英　张明林　许　彬
谢爱林　徐聪荣　吕爱清　罗天相　赵志刚　熊云明　胡桂萍
张宜红　盛方富　马　回　钱海燕　赵　姣　马艳芹　郑　颖
陈伏生　王　燕　蒋海燕　廖文梅　张　琴　唐茂林　缪建群
王淑彬　杨滨娟　杨文亭　周　泉　杨期勇　戴小华　陶表红
汤　明　王　伟　熊　涛　吴国永　王怀清　李转玲

第二部分

学术研讨

绿色有机农业：全国生态文明试验区建设的重要路径

江西省社会科学院课题组[①]

摘　要：党的十九大报告提出，大力实施乡村振兴战略，提供更多优质绿色生态产品以满足人民日益增长的优美生态环境需要。近年来，江西紧紧围绕绿色生态这一最大的财富、优势、品牌，把打造绿色有机农产品示范基地试点省建设，作为全国生态文明试验区建设的主抓手，坚持产地环境优良与产地生态保护并举、科技创新与种质资源保护并重、传统农耕文化与现代农业生产方式共融、绿色理念与政策机制共推、产品优质与品牌优效共进，取得了明显成效。文章还就示范基地建设过程中存在的问题提出了对策建议。

关键词：绿色有机农产品　示范基地建设　成效问题与建议

党的十九大报告提出，大力实施乡村振兴战略，要提供更多优质绿色生态产品以满足人民日益增长的优美生态环境需要。近年来，江西紧紧围绕绿色生态这一最大的财富、优势、品牌，努力开展全国绿色有机农产品示范基地试点省建设，取得了明显成效。作为农业部全国唯一的试点省，深入推进农业供给侧结构性改

① 课题组组长：李志萌（省社科院发展战略研究所所长、研究员）；副组长：张宜红（省社科院发展战略研究所副所长、副研究员）；成员：盛方富（省社科院发展战略研究所助理研究员）、马回（省社科院发展战略研究所助理研究员）、邱信丰（省社科院产业经济研究所研究实习员）。

革，增加绿色有机农产品供给，打造全国绿色有机农业发展的“样板区”，为全国提供可复制、可推广的经验模式是责任也是使命。近期，省社科院课题组深入南昌市、赣州市、万载县、婺源县、永丰县等进行实地调研，形成研究报告如下。

一、江西省绿色有机农产品示范基地试点省建设成效

1．产地环境优良与产地生态保护并举

优良的产地环境是建设全国绿色有机农产品示范基地试点省的前提。一是绿色资源得天独厚。近五年来，江西省绿色生态空间①面积约为 $1.53\times10^7\ hm^2$，绿色生态空间国土密度②达 0.92，稳居全国第二位；《中国省域生态文明建设评价报告》连续五年评价，江西省绿色生态文明指数综合得分均达 78.5 分以上，居全国第二位。二是产地生态建设成效斐然。“化肥零增长”行动成效明显。2005 年以来，全省累计推广测土配方施肥 4.5 亿亩，受益农户 4 647.0 万户（次），年均减少不合理化肥施用量 5 万余 t（纯量）。畜禽规模养殖污染治理取得初步成效。截至 2016 年年底，江西省畜禽规模养殖比重达 65%以上，畜禽粪污资源化利用率达 70%，年减排 COD 140 万 t。示范带动作用不断增强。截至 2016 年年底，江西省已创建全国有机食品生产基地 8 个，一批农业部标准化畜禽养殖场、水产健康养殖示范场、菜果茶标准园、绿色食品原料标准化生产基地。

2．科技创新与种质资源保护并重

优良的种质资源，是建设全国绿色有机农产品示范基地试点省的基础。一方面，注重科技创新，推动育种创新突破。2016 年，以颜龙安院士为代表一批科研团队的“江西双季超级稻新品种选育与示范推广”获国家科技进步二等奖，在江西、湖南、湖北、广西、广东等省（区）推广新增稻谷 43.44 亿 kg，新增社会经济效益 97.76 亿元。“赣无系列”是江西林科学多年选育的优质油茶品种，比传统

① 泛指森林、草地、湿地的面积总和。

② 绿色生态空间面积/国土面积。

油茶产量可高出10倍以上，成为农村脱贫致富和乡村产业兴旺的经济增长点；另一方面，注重种质资源保护，挖掘地方农业特色。江西拥有优质的地方种质遗传资源，如万年有机水稻、万载百合、婺源鄣山绿茶、永丰茶油、广丰马家柚等优秀的地方种质资源，基本形成“一区一品种，一片一特色”的发展格局。

3. 传统农耕文化与现代农业生产方式共融

把植五谷、饲六畜、渔樵耕读、耕织结合的传统农耕文化特色融入现代农业生产中，是建设全国绿色有机农产品示范基地试点省的依托。一是传统农耕文化不断弘扬。江西省拥有优秀的传统农耕文明，如万年千年稻作文化，为农业发展沉积了一座无可比拟的精神富矿，擦亮了农业“金字招牌”。二是农业地方标准不断完善。截至2016年年底，全省有效的农业地方标准达314项，占全省各行业总地方标准的63%。三是农产品安全监管防线不断筑牢。农业部陈晓华副部长连续3年向江西省政府分管领导写信，感谢江西省在农产品质量安全方面所做的工作。目前，江西建立了3个部省级、11个地市级和90个县级农产品质检机构项目；深入开展农产品质量安全专项整治行动，主要农产品抽检合格率达98.8%，比全国高出1.3个百分点。四是农产品质量安全追溯体系不断完善。依托“智慧农业”平台，建立了覆盖省、市、县和生产企业各层级的农产品质量安全追溯信息系统。

4. 绿色理念与政策机制共推

理念与政策机制创新是建设全国绿色有机农产品示范基地试点省的推手。一是政策制定的绿色引导。江西省将绿色生态作为农业供给侧改革的方向和路径，开展绿色生态农业十大行动，将打造全国绿色有机农产品试验基地作为国家生态文明试验区农业发展的主抓手，开展省级绿色有机农产品示范县（市）评选，绿色发展理念已成共识。二是创新考核机制。明确了领导责任追究制，将农产品质量安全纳入了市县政府科学发展综合考核。三是强化属地管理。明确地方政府农产品质量安全监管实行属地管理，严格落实生产经营主体责任。将农产品质量安全与政策扶持挂钩，对有不良记录的生产者，列入“黑名单”，实行一票否决。四是持续加大扶持力度。自2015年开始，江西省每年安排1 000万元奖补资金，鼓励、支持农产品企业开展“三品一标”认证。

5．产品优质与品牌优效共进

农产品优质优价是建设全国绿色有机示范基地试点省的目的。一是绿色有机农产品量质齐升。一方面，优质农产品规模不断扩大。截至2016年年底，江西省“三品一标”产品保有量达3 657个，有机产品有1 024个，列全国第4位；农产品地理标志有74个，列全国第6位。另一方面，绿色有机农业已成为江西省农业投资“引进来”和“走出去”的引擎。笔者在万载县调研发现，作为最早进入“全国有机食品生产基地”的茭湖乡、仙源乡成为吸引外资的金字招牌。截至2016年年底，江西省实际引进农业投资200.82亿元，增长14%；成立江西海外农业投资联盟，新增农业对外投资1.3亿美元。二是持续加大绿色品牌打造力度。近年来，江西省重点打造“四绿一红”茶叶，鄱阳湖水产品，“赣南脐橙、南丰蜜橘”果业，“泰和乌鸡、崇仁麻鸡、宁都黄鸡”优质地方鸡等品牌，打响了“生态鄱阳湖、绿色农产品”品牌形象和价值。三是绿色有机农产品的品牌影响力不断提高。通过在上海、深圳、香港等地举办的江西鄱阳湖绿色农产品系列展销会、推介会、战略峰会，进一步扩大了江西绿色农产品的知名度和影响力。赣南脐橙、南丰蜜橘、马家柚等10个农产品区域公用品牌成功入选“2017最受消费者喜爱的中国农产品区域公用品牌”100强，其中赣南脐橙以668.11亿元高居品牌价值榜榜首，江西省绿色有机农产品价格均得到了5%～30%的增长。

二、问题和“瓶颈”

1．农产品产地环境制约明显

一是农业生产主体的保护意识不强。农村劳动力文化素质普遍不高，初中及以下文化水平的居多，根据调研，永丰县、万载县、婺源县等地农民合作社、家庭农场、农业大户等新型农业经营主体中具有高中以上文化的占四成左右，不少种植户和养殖户缺乏对农产品安全方面的知识，对发展绿色有机农产品的重要性、必要性和紧迫性认识不足，对耕地等环境的保护意识不强。二是内源性污染形势不容乐观。许多农户追求自身短期利益，仍在大量使用农药、化肥，阻碍了绿色有机农产品的健康发展。国际公认的氮肥施用安全上限是 225 kg/hm^2，根据《中国农村统计年鉴（2016）》，2015 年全国化肥施用强度平均为 446.12 kg/hm^2，江西达到 465.83 kg/hm^2，高于全国平均水平。三是外源性污染数量有增无减。随着城镇化和工业化不断推进，局部地区城市和工业“三废”对农产品产地的污染程度加大，给农产品质量安全带来严重隐患，制约和影响了优质农产品的生产。四是绿色农产品产地监测面积呈下降趋势。截至 2015 年，江西省绿色食品产地环境监测面积占全国比重仅为 4.03%，比 2011 年降低了 2.36 个百分点，且呈下降趋势。

2. 优质农产品总量规模偏小

与福建、浙江、湖南、湖北等地区相比，2015 年江西无公害、绿色的数量差距较为明显，2016 年江西省绿色、有机农产品产量分别处于全国第 27 位和第 21 位，处于较落后水平，其“瓶颈”障碍主要表现在：一是有机农产品认证机构数少。目前，江西只有 1 家本土的可从事有机产品认证的第三方机构——华中国际认证检验集团有限公司，而全国有 62 家，这与江西作为“全国绿色有机农产品示范基地试点省”的地位不相称，与山东（5 家）、浙江（4 家）、黑龙江（3 家）等省份相比有差距。二是企业申报的积极性不高。绿色有机农产品认证环节多，前期认证费用高，加之目前绿色有机农产品价格优势并不明显，同时对“三品一标”认证的补助政策缺乏连续性和长期性，影响了申报的积极性。三是缺乏相应的退出机制。有些企业注重当时“三品一标”的申报，而不注重后期品牌的经营管理，缺乏相应退出机制，不利于江西省绿色有机农产品整体品牌的打造。

3. 绿色有机产业体系不健全

一是龙头企业缺乏。2016 年 10 月 14 日，根据《关于公布第七次监测合格农业产业化国家重点龙头企业名单的通知》的监测结果，江西有农业产业化国家级重点龙头企业 37 家，在全国 13 个粮食主产区中排名倒数第 2 位，从事绿色有机产业的龙头企业就更少了，有机生产规模较少，行业发展受限。二是新型农业经营主体不壮大，制约了农业标准化、科技化、品牌化。江西省新型农业经营主体规模偏小、实力偏弱，推动标准化生产、使用现代科技、品牌化建设的意愿和能力不足。三是农业社会化服务供给不足。农业公益性服务机构不完善，基层公益性服务机构人才短缺，缺乏必要的运作经费，难以满足绿色有机农业发展的服务需求。

4．食品的“信任危机”，制约了绿色产品销售

一是市场推广力度不够，市场知晓率不高。生态农产品市场营销手段比较落后，市场推广力度不够，市场知晓率不高，大部分农产品以原料及初级产品形式输出，产品附加值低。二是食品安全事件频发，酿成“信任危机”。由于食品安全监管体系不健全，绿色有机农产品市场参差不齐、鱼龙混杂，特别是一些绿色有机农产品假冒等安全事件的出现，使公众对绿色有机农产品产生“信任危机”。三是绿色有机农产品市场信息不对称较为突出。由于消费者很难接触到有机农产品的生产加工和销售全过程，造成消费者、生产者、销售者以及政府之间的信息不对称，使得消费者质疑付出的高价格是否能够换来相对安全营养的农产品；同时，环境恶化对有机农产品的质量也是消费者疑虑的重要方面。

5．支撑政策亟待建立健全

一是组织保障亟待加强。绿色有机农产品建设带有公共产品属性，政府有效作用发挥至关重要，相对周边省份，当前江西省没有建立高规格、多部门构成的“绿色有机农产品示范基地创建领导小组”或专门的管理机构。二是缺少“三品一标”专项经费。“三品一标”是绿色有机农业的重要抓手，目前江西省没有“三品一标”的专项经费，当前的经费额度是从农产品监管经费中切出的一块。三是经费保障力度偏小。江苏2015年省级农产品质量安全专项资金达2.35亿元、2016年广西壮族自治区安排农产品质量安全监管与体系建设专项资金1.17亿元、2016年福建安排农产品质量安全专项资金5.77亿元，目前江西省安排的农产品质量安全专项资金只有0.53亿元，相比差距甚大；对新认证无公害农产品、绿色食品、有机食品、地理标志产品“三品一标”的补助，江西省分别为0.3万元、1.5万元、1.5万元、2万元，安徽省分别为3万元、4万元、4万元、

10 万元，补助力度相差较大。

三、对策建议

1．高位推进，加快出台具体实施方案

强化顶层设计，构建高效的组织保障体系，是推进全国绿色有机农产品示范基地试点省的前提。一是建立强有力的推进领导小组。成立以省政府分管领导为组长，农业、林业、工商、工信、质检、食药、环保、财税、公安、出入境检验检疫等部门负责人为成员的全国绿色有机农产品示范基地试点省建设推进领导小组，定期组织召开推进协调会，协调解决全国绿色有机农产品示范基地试点省建设的重大问题。二是尽快出台《全国绿色有机农产品示范基地试点省建设的实施方案》。建议由省农业厅牵头，按照农业部批复精神，尽快出台《全国绿色有机农产品示范基地试点省建设的实施方案》，对推进全国绿色有机农产品示范基地试点省建设的主要目标、重点任务、重点工程、实施步骤等予以确认。

2．强化源头管理，确保绿色有机农产品质量安全

把好农产品质量关，是推进全国绿色有机农产品示范基地试点省建设的基础。一是坚持以源头管控为基础，深入实施农业“十大行动”，继续深入实施农产品质量安全整治，坚决杜绝禁用农（兽）药及其他有毒有害物质流入农产品生产环节，强化农产品质量安全属地管理责任，完善农产品质量安全“不良记录”制度，探索建立农产品质量“合格证”制度，确保江西省农业绿色化发展。二是坚持以标准化生产为引领，支持制订绿色有机农产品生产标准化技术规程，并上升为“国家标准”，建立健全科学、系统的标准化体系，加快推进绿色食品原料标准化生产基地建设。三是坚持以体系建设为保障，加大“三定向”计划招生力度，尤其向贫困户倾斜，进一步充实市县两级农产品监管、监测人员；同时，充分依托“智慧农业”平台，健全覆盖省、市、县和生产企业各层级农产品质量全程可追溯体系。

3．加强三产融合，做大做强绿色有机农业产业

加强农业与第二、第三产业融合发展，构建绿色有机农业产业体系，是推进全国绿色有机农产品示范基地试点省建设的支撑。一是打造一批全国知名的绿色有机农产品生产基地。立足江西省农业特色优势，因地制宜，积极引导和鼓励农民采取租赁、托管、股份合作等方式，大力发展适度规模经营，高标准、高起点建设一批市场竞争力强、全国一流的绿色有机农产品生产基地。二是大力发展绿色有机农产品深加工。支持鼓励新型农业经营主体兴办绿色有机农产品加工企业，或通过品牌嫁接、资本运作、产业链延伸等方式，引进和培育一批十亿、百亿、千亿元产值的绿色有机农业企业，扶持发展一批具有上市潜力的绿色有机农业企业在“新三板”挂牌上市。三是拓展农业多功能。根植于绿色有机农业的生产功能，大力推进“互联网+”，做大做强“赣农保”“土购网”等一批本土农产品电商平台，探索“电子商务+智能提货柜”的模式向社区直供绿色有机农产品，降低绿色有机农产品销售成本，扩大销量，提高销售价值；根植于绿色有机农业的生态功能，大力推进“生态+”“旅游+”等，与休闲、观光旅游、健康养生等功能融合，打造一批田园综合体。

4．重点产品带动，唱响绿色有机农产品品牌

“三品一标”是推进全国绿色有机农产品示范基地试点省的抓手。一要按照《农业部关于推进“三品一标”持续健康发展的意见》要求，积极争取中央财政支持，将“三品一标”工作经费纳入年度财政预算并加大资金支持力度，争取扩大“三品一标”奖补政策与资金规模，不断提高农产品生产经营主体发展“三品一标”积极性。二要通过获证产品综合检查、质量抽检、标志监管、对不合格产品或企业亮剑等方式加大证后监管力度，建立完善“三品一标”退出机制，进一步规范“三品一标”生产管理，不断提高标准化生产水平。三要充分利用中国国际有机食品博览会、中国绿色食品博览会、农交会地标专展等“三品一标”专业展示平台，宣传展示推介江西名优特色农产品，进一步唱响“生态鄱阳湖、绿色农产品”品牌。

5．示范创建引领，建立健全政策保障机制

示范引领，创新政策机制，是推进全国绿色有机农产品示范基地试点省建设的保障。一是设立省级绿色有机农产品发展专项资金。以财政投入为导向，设立省级绿色有机农产品发展专项，加大国家农产品质量安全县、省级绿色有机农产品示范县、绿色有机农产品示范基地等创建投入，并将示范创建经费纳入各级财政预算。二是强化政策配套。对于从事绿色有机农产品开发、生产、销售的企业和个人，按环保产业和高科技产业落实各项优惠政策，并在信贷、土地、金融、税收、奖励方面给予倾斜。三是创新市县领导考核机制。将绿色有机农业列入市县科学发展综合考评，因地制宜制定相应的考核权重，并根据每年考核结果进行奖惩。

生态文明、生态价值与绿色发展

罗斌华[①] 胡国珠

（江西省山江湖开发治理委员会办公室，南昌 330046）

摘 要：保护修复生态环境，推进生态文明建设，加快生态价值转换，是促进绿色发展的深层次革命。践行“绿水青山就是金山银山”的理念，利用丰富的生态资源，大力发展“生态+现代农业”“生态+现代服务业”“生态+现代工业”。把深入做好治山理水、显山露水的文章，把生态资源优势转化为经济优势，释放生态红利，探索出更多生态价值转换的江西模式。

关键词：生态文明 生态价值 绿色发展

保护修复生态环境，推进生态文明建设，加快生态价值转换，是促进绿色发展的深层次革命。推进绿色发展，是建设美丽中国的基础，是实施乡村振兴战略，推进美丽中国建设，构建现代化经济体系的必然要求。近年来，江西自觉践行“绿水青山就是金山银山”的理念，将发展绿色经济、促进产业转型升级作为加快绿色崛起的重要举措，努力构建具有江西特色的生态价值转化模式，把生态优势转化为经济优势，把“绿水青山”转化为“金山银山”。

---

① 罗斌华（1985—），男，江西于都人，江西省山江湖开发治理委员会助理研究员、江西师范大学马克思主义学院博士研究生，主要从事生态文明建设研究。胡国珠（1978—），男，江西兴国人，江西省生态文明办/江西省林业规划院高级工程师，主要从事生态文明建设研究。

一、生态文明与绿色发展

习近平总书记在党的十九大上强调，我们要建设的现代化是人与自然和谐共生的现代化。我国生态文明建设既是人与自然和谐共生的一种新的文明境界，更是新时代中国特色社会主义的重要内涵。

1. 推进绿色发展是建设美丽中国的基础

党的十九大把“美丽中国”上升到建设怎样的社会主义强国高度，提出建设“富强民主文明和谐美丽的社会主义现代化强国”。将坚持人与自然和谐共生作为新时代坚持和发展中国特色社会主义的基本方略之一，提出生态文明建设是中华民族永续发展的千年大计、人与自然是生命共同体等重要论断。为了落实好千年大计，必须树立和践行“绿水青山就是金山银山”的理念，坚持节约资源和保护环境的基本国策，像对待生命一样对待生态环境，统筹“山水林田湖草”系统治理，实行最严格的生态环境保护制度，形成绿色发展方式和生活方式，坚定不移走生产发展、生活富裕、生态良好的文明发展道路。

2. 生态系统具有重要的价值蕴涵

生态系统是人类生存与发展的生命支持系统，是生态文明建设的物质基础和空间载体。自然资源是生态系统的重要构成要素，与其他生态环境要素相互作用共同组成生态系统。生态系统是完整的生命共同体，正如习近平总书记所指出的“山水林田湖是一个生命共同体，人的命脉在田，田的命脉在水，水的命脉在山，山的命脉在土，土的命脉在树；如果种树的只管种树、治水的只管治水、护田的单纯护田，很容易顾此失彼，最终造成生态的系统性破坏。”自然资源是生态系统的重要组成部分，自然资源的变化影响其他要素的变化和生态系统的稳定性。生态系统是人类生存与发展的生命支持系统，生态系统服务对经济社会发展产生深刻影响。对自然资源的过度索取导致生态系统服务能力的降低，直接影响人类福祉。鄱阳湖流域自然的、生物的、人类活动的复合生态系统具有显著的山江湖一体的特征。因此，必须着眼整体对鄱阳湖流域生态系统加强管理，坚持生态系统服务为导向加强生态文明建设，立足实际推动生态系统服务价值的科学建构，确保对生态系统的保护和合理利用，为可持续发展的提供保障。

3. 绿色生态是江西最大财富、优势、品牌

目前，江西森林覆盖率稳定在63.1%，湿地保有量91万hm^2，地表水监测断面水质达标率90.7%，空气质量优良率81%，远高于全国平均水平。全省森林蓄积量超过5亿m^3，森林吸收二氧化碳年均增加1.65 t/hm^2，释放氧气年均增加1.2 t，森林质量明显提升。习近平总书记在2016年视察江西时强调，绿色生态是江西最大财富、优势、品牌，一定要保护好，做好治山理水、显山露水的文章，走出一条经济发展和生态文明水平提高相辅相成、相得益彰的路子，打造美丽中国“江西样板”。

二、价值转化的实践进路

将“生态+”理念融入产业发展全过程，充分利用丰富的生态资源，大力发展“生态+现代农业”“生态+现代服务业”“生态+现代工业”，努力把生态资源优势转化为经济优势，释放生态红利。

1. 发展“生态+现代农业”

江西坚持“生态+”的理念发展现代农业，通过园区建设为抓手，大力实施绿色生态农业“十大行动”，推进三产融合发展，将传统农业升级为“第六产业”。以“百县百园”为载体，积极打造农业种养区、农产品精深加工区、农业商贸物流区和综合服务区。目前，全省已创建11个国家级、66个省级现代农业示范区，建设初具规模的示范核心园121个。大力实施“生态鄱阳湖、绿色农产品”品牌培育计划，“四绿一红”茶叶品牌整合，以及“鄱阳湖”水产品、江西地方鸡品牌建设扎实推进，全省蔬果茶、畜禽和水产品总体合格率高居全国前列，绿色有机农产品数量位居全国前列，被农业部列为全国唯一的绿色有机农产品示范基地试点省，“生态鄱阳湖、绿色农产品”品牌优势日益凸显。大力发展林下经济，全省已创建 7 个国家级林下经济示范基地，省级林下经济示范基地达到 200 个。依托丰富的农业资源与优美的乡村环境，重点发展了一批休闲农庄和农业观光采摘园，全年新增各类休闲农业规模企业 540 家、总数达到 4 190 家，休闲农业与乡村旅游接待游客超 2 亿人次、综合收入超 700 亿元。

2．发展“生态+现代服务业”

突出抓好“大健康”产业，出台了《江西省“十三五”大健康产业发展规划》，重点围绕生物医药、医疗服务、康体旅游、健康食品、养生养老、健康管理六大领域，构建“药、医、游、食、养、管”六位一体的大健康产业体系，形成了“一核三带四板块”的大健康产业总体布局。南昌健康服务业、宜春中医养生、吉安休闲养生等一批重点基地初步建成，着力把江西打造成为全国大健康产业发展示范区、“健康中国”建设样板区和健康养生最佳目的地。加强旅游资源整合，抓好旅游品牌推广，丰富旅游生态和人文内涵，进一步唱响“江西风景独好”旅游品牌。推进全域旅游示范区建设，创建国家级生态旅游示范区 4 家、省级生态旅游示范区 8 家，加快推进打造 35 个旅游重点产业集群，加快实现从景点旅游向全域旅游转变。推进乡村旅游发展，实现乡村旅游品质差异化、特色化与服务规范化、标准化融合发展。2017 年上半年，全省旅游接待人次和旅游总收入分别增长 21.4%和 31.7%，全省服务业增加值增长 10.5%，占生产总值的比例达 42.3%。

3．发展“生态+现代工业”

深入实施创新驱动“5511”工程，依托产业优势，大力发展电子信息、绿色照明、航空制造、新能源、新材料等绿色制造，2017 年上半年，全省电子信息、锂电主营业务收入分别增长 25.8%和 46.6%。出台实施贯彻新理念培育新动能的意见，抓好大数据及云计算、电子商务、工业设计、分享经济等新经济新业态，培育新的经济增长点。大力发展节能环保产业，加强清洁生产、污染治理、生态修复等领域的技术创新和推广，培育和引进一批节能环保装备研发、制造企业。推动资源利用方式根本转变，降低对土地、能源、水消耗强度，提高生态资源的利用效率和效益。大力推广清洁生产技术，减少主要污染物排放总量。大力发展循环经济，实施资源综合利用、再生资源回收等示范工程，推行企业循环式生产、产业循环式组合、园区循环式改造。2017 年上半年，全省高新技术产业增加值增长 11%，占规模以上工业增加值比重达 31.7%，全省产业转型升级步伐加快，绿色发展的动力不断增强。

三、绿色发展的经验启示

作为地方可持续续发展的先行者，江西坚持生态立省，坚持绿色崛起，在推动生态优势转化为经济优势的过程中，初步探索出了一条生态价值转化的江西模式和路径。

1．加强生态环境保护

江西坚持树立底线思维，明确三条红线不能碰，确保在生态环境承载能力范围内，实现生态价值的转化。坚持生态保护红线不能碰，江西 2016 年在全国率先划定生态保护红线，划定保护范围 5.52 万 km^2，占全省国土面积的 33.1%，2017 年将根据国家新的要求，进一步校核完善，提高生态保护红线的科学性。坚持水资源红线不能碰，全面落实最严格水资源保护制度，建立了省、市、县三级的水资源管理控制指标体系，制订“十三五”水资源消耗总量和强度双控行动工作方案，下达全省水资源管理红线控制指标，全面建成覆盖省、市、县三级的水资源管理控制指标体系。坚持土地资源红线不能碰，在全国率先完成了永久基本农田划定工作，全省 11 个设区市城市周边和 95 县（市、区）全域共划定永久基本农田 3 693.39 万亩，出台《关于严格保护耕地严守耕地红线的意见》完善省、市、县、乡四级耕地保护责任机制。

2．构建绿色发展机制

通过健全机制、完善政策，为生态价值转化提供制度支撑。完善生态文明建设考核评价制度，江西出台生态文明建设目标评价考核办法，建立绿色 GDP 评价指标，实行差异化考核评价。建立生态环境损害责任终身追究制度，进行精准追责、终身追责，建立自然资源资产离任审计制度，开展经常性自然资源离任审计。完善市场激励机制，加快培育环境治理和生态保护市场主体，开展用能权交易、碳排放权交易、水权交易等试点工作，健全绿色金融服务体系，在赣江新区建设绿色金融改革创新试验区，完善绿色金融推动生态价值转化的有效机制。

3．坚持生态价值共享

利益分配是生态价值共享的关键，必须协调政府、企业、社会公众等各种权利主体，实现生态价值的合理共享。政府利益方面，江西进一步完善市县科学发展考核评价中，全面取消了GDP的考核，大幅提高了绿色发展的指标和权重，引导政府梳理绿色政绩观。出台《江西省流域生态补偿办法》，建立全流域生态补偿机制，根据森林、水资源等保护情况，对各县（市、区）进行生态补偿，实现“保护者受益、受益者补偿”。出台《江西省推进生态保护扶贫实施方案》，让贫困地区和贫困群众得到更多的“绿色红利”。在市场利益方面，江西着力完善资源性产品的市场定价机制，探索建立以市场为主体的资源价格和环境价格的形成机制，健全污染物排放配额交易市场，推广政府和社会资本合作模式，推行环境污染第三方治理、合同能源管理和合同节水管理，调整完善资源税费政策，推动国有资本加大对环境治理和生态保护投入。在公众利益方面，加强环境信息公开，完善建设项目环境影响评价信息公开机制，保障群众依法有序行使环境监督权；加强生态文明宣传教育，强化公民环境意识，有序提高公众参与程度；积极引导公众参与绿色消费，推动形成节约适度、绿色低碳、文明健康的生活方式和消费模式，通过绿色采购等消费行为引导企业和公众，形成全社会共建生态文明、共享生态利益的良好局面。

做好治山理水、显山露水的“文章”是江西绿色崛起的重要路径，是江西国家生态文明试验区建设的主要任务，是江西新时代经济社会发展的基本内容，是江西实现同步全面建成小康社会、建成富裕美丽幸福江西的特色抓手。要树立“绿水青山就是金山银山”的理念，加大生态系统保护与修复、推进环境综合治理，重点探索森林生态系统、湿地生态系统、生物多样性、流域生态、碳汇等重点领域的功能和价值评估，探索出更多生态价值转换的江西模式。

参考文献

[1] 王书明，黄敏. 专家、生活者与生态系统服务价值的建构——生态文明制度建设的基础研究[J]. 哈尔滨工业大学学报（社会科学版），2017（4）.

[2] 本书编写组. 党的十九大报告辅导读本[M]. 北京：人民出版社，2017.

[3] 马永欢，黄宝荣. 基于生态系统服务的生态文明建设研究[J]. 国土资源情报，2015（3）.

生态文明试验区建设背景下江西绿色信贷发展研究

高　玫[①]

（江西省社会科学院经济所，南昌　330000）

摘　要：绿色信贷是生态文明建设与经济建设融合发展的必然产物。江西国家生态文明试验区建设的深入推进，对绿色信贷提出了更高的发展要求，绿色信贷也因此迎来了重要的发展机遇。鉴于此，江西要学习借鉴发达国家实行绿色信贷的成功经验，同时，结合江西省情，依托国家生态文明建设试验区这个平台，因地制宜、循序渐进地探索一套成熟、完善、针对性强的绿色信贷工作机制，为推进生态文明建设发挥作用。

关键词：江西　绿色信贷　生态文明试验区　金融机构

绿色信贷是商业银行等金融机构依照国家的有关环境经济政策和产业政策，对研发和生产治污设施、从事生态保护与建设、开发和利用新能源、从事循环经济生产和绿色制造，以及生态农业的企业或机构提供贷款扶持并实施优惠性的低利率，同时对高能耗和高污染的企业贷款进行限制，并实施惩罚性高利率的金融

---

① 作者简介：高玫（1965—），女，江西万载人，江西省社会科学院经济所副所长、研究员。研究方向：区域经济、产业经济。地址：南昌市洪都北大道649号江西省社会科学院，联系电话：13979113360；邮箱：skygm928@163.com。

政策手段。绿色信贷是生态文明建设与经济建设融合发展的必然产物。一方面，生态文明建设需要绿色信贷的支持；另一方面，绿色信贷也体现出生态文明建设的客观要求。目前，江西正在推进国家生态文明试验区建设，肩负着创新发展、绿色崛起的重大使命，也迎来了绿色信贷发展的重要机遇期。为此，深入研究国家生态文明建设试验区建设背景下，江西实施绿色信贷的具体路径和措施具有重大的理论价值与现实指导意义。

一、江西绿色信贷发展现状

在建设生态文明试验区的过程中，为积极发挥金融服务实体经济、促进绿色发展的“源头活水”作用，江西银监局指导辖内银行业金融机构对接江西绿色发展战略，明确绿色信贷发展规划和目标，设立绿色信贷中心或绿色金融事业部，加强绿色信贷队伍建设，逐步形成绿色信贷专营化体系，并强化风险管理，实现了绿色信贷工作规范化、制度化和常态化。江西银行业为此不断加大绿色信贷投放力度，优化审批流程，扩大分支机构审批权限，强化绩效考核激励约束手段，有效发挥了信贷杠杆对资源配置的引导作用。

1. 绿色信贷规模不断扩大

据统计，2013—2016 年，江西省主要银行绿色信贷余额持续快速增长，年均复合增长率高达 55.54%。截至 2017 年 6 月末，全省节能环保及服务贷款余额达 1 407.49 亿元，较年初增长 13.01%，高于各项贷款平均增幅 2.37 个百分点（图 1）。

在促进绿色生态建设方面，截至 2016 年年底，江西省银行业支持生态和环境治理项目 77 个，贷款余额 44.78 亿元；支持污水处理项目 104 个，贷款余额 76.01 亿元；支持农村饮用水项目 17 个，贷款余额 15.97 亿元。

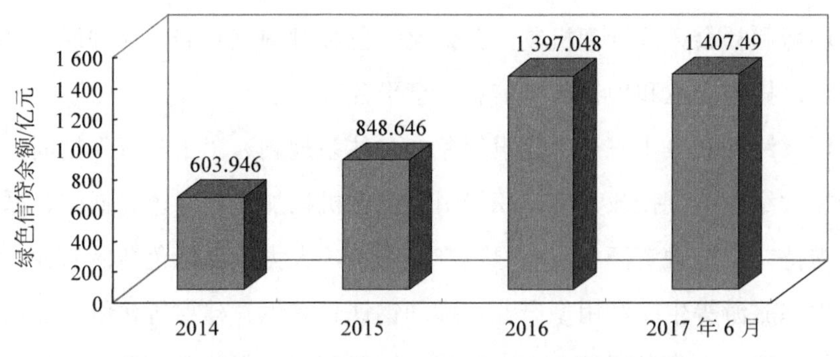

图 1 2014—2017 年 6 月江西省绿色信贷增长情况

2．“两高一剩”行业贷款逐步压缩

在扩大绿色信贷的同时，江西省辖内银行业机构还对“两高一剩”行业和“环保风险”客户严格执行“环保安全风险客户”名单制管理、“环保一票否决”制和逐步退出策略，并推动“两高一剩”行业压缩产能，实现整合升级。截至 2017 年 6 月末，辖内银行业机构对全省九大产能过剩行业贷款余额 393 亿元，比年初下降 8.39%。

3．绿色信贷政策日益加强

江西在建设国家生态文明试验区的过程中，为充分发挥金融对经济社会可持续发展和生态文明建设的促进作用，积极构建绿色信贷等绿色业务的激励机制和抑制高污染、高能耗和产能过剩行业贷款的约束机制，不断完善绿色信贷支持体系。为鼓励金融机构发展绿色信贷，人民银行南昌中心支行出台政策，在涉及绿色金融贷款规模、MPA 考核的常数、细数协调以及再贷款方面给予优先支持。为进一步建设绿色信贷长效机制，2017 年江西银监局又及时出台了《江西银行业绿色金融工作实施意见》，就辖内银行业进一步树立绿色发展理念、强化绿色金融工作机制和队伍建设、实施差异化信贷政策、加强环境风险管理等方面提出进一步的具体意见。同时，引导银行业成立绿色信贷小组，设立绿色金融事业部，建立和完善信贷“六项机制”，提供机制上的保障。下一步，江西银监局还将引领辖内银行业金融机构建立和完善内部考核、奖惩机制，以及绿色金融产品和服务创新机制、环境和社会风险管理机制，并优化绿色金融网点布局，加强绿色金融督查考核评价，搭建企业和项目环境信息共享平台等。

根据《江西省“十三五”建设绿色金融体系规划》，“十三五”期间，江西将进一步加大绿色信贷投放力度，积极引导金融机构加大对绿色、低碳、循环经济的资金支持，将金融资源配置向绿色产业倾斜，大力发展绿色智慧农业、大健康产业、生态旅游等生态利用型产业；推动钢铁、有色、建材等传统产业清洁生产和循环化改造；大力发展航空、中医药、智能制造、新能源、节能环保等新兴产业。到 2020 年，全省金融机构绿色信贷力争达到 3 000 亿元。

二、江西绿色信贷存在的主要问题及制约因素

由于我国绿色信贷起步较晚，江西开展绿色信贷的时间也不长，虽然通过近年来的探索与实践，江西绿色信贷产品有所创新，信贷结构有所调整，在支持节能减排和生态环境保护方面取得了积极成效。由于多种因素的制约，江西绿色信贷总体水平仍然偏低，绿色信贷的发展现状与生态文明试验区建设的进程相比，还显得非常缓慢，与打造美丽中国江西样板、实现绿色崛起的要求相比还有很大的差距。主要表现在以下几个方面。

1．绿色信贷的规模小占比较低

突出表现为金融机构的绿色信贷余额占各项贷款总额比重较低。2014 年年末，江西绿色信贷占各项贷款总额的比例只有 3.91%，2016 年这一比例提高至 6.43%，2017 年 6 月底，全省主要银行机构的绿色信贷余额占各项贷款比例提高到 6.9%（图 2），但仍低于全国平均水平。

2．绿色信贷产品结构较为单一

从 2016 年江西主要银行机构的绿色信贷项目情况来看（表 1），省内各银行绿色信贷投放集中在绿色交通、水利建设等基础设施领域，以及生态农业、污水处理和能源行业等传统领域，大多数集中在污染治理链条的后端，对新材料、新

技术等绿色发展新兴领域的关注不够，对污染治理前端，即资源节约及循环利用行业的支持不多，缺乏对环境友好型的高科技企业、消费者及家庭的绿色信贷政策。同时，一些银行对绿色信贷产品的研发能力较弱，没有结合生态文明试验区建设的新要求和新领域对市场进行充分挖掘，表现为绿色信贷产品创新不足、进展缓慢。

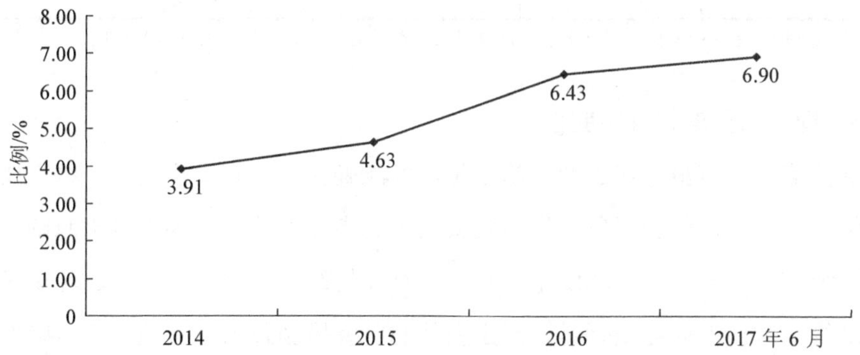

图 2 2014—2017 年 6 月江西绿色信贷占全省贷款总额的比例

表 1 江西省部分银行绿色信贷情况（2016 年）

银行（省分行）	产品和服务类型	贷款领域	主要产品与成果
中国银行	公司贷款	环保行业	为源丰有色金属公司治理电池污染提供 3 000 万元贷款
	项目贷款	能源行业	向萍乡长丰燃气公司提供 2 000 元贷款
	公司贷款	新能源行业	向银龙光伏公司提供分布式光伏发电项目资金
	项目贷款	铁路建设	为九景衢铁路江西段提供 10 亿元信贷支持
	固定资产贷款/信用证等	绿色经济	向宜春生态农业、医药等绿色经济领域投放绿色信贷
江西省农村信用社	公司贷款	“百县百园”项目	对示范区内绿色农产品生产、加工企业提供信贷
中国农业发展银行	项目贷款	水利工程项目	信贷补充水利工程启动及建设短缺资金
	项目贷款	“两高一剩”行业	信贷退出 33 户企业，金额达 8 909 万元

银行（省分行）	产品和服务类型	贷款领域	主要产品与成果
中国邮政储蓄银行	农民专业合作社、新型农业经营主体贷款	“三农”领域	针对科技型企业、现代农业等的信贷支持
兴业银行	公司贷款	环保行业	已建成污水处理特许经营权质押产品
北京银行	公司贷款	环保行业	引入损失分担机制为节能环保企业提供融资支持

资料来源：根据刘曼琳的论文《以江西省为例看供给侧改革背景下绿色信贷的发展》整理。

3. 绿色信贷的标准不完善

绿色信贷政策虽已在江西实施多年，但能确保政策有效实施的一些重要标准不够细化。目前，关于绿色信贷的政策大多是指导性的，且要求过于原则，缺乏具体、统一的指导性标准和实施细则，如具体的绿色信贷指导目录、环境风险评级标准等，这使得商业银行难以制定相关的监管措施及内部实施细则，降低了绿色信贷措施的可操作性。因此，导致省内已开展绿色信贷业务的银行，对实施绿色信贷的理解不一，其贷前、贷中、贷后对环境风险的评估及控制标准不一，绿色信贷产品存在差异，实际操作中难以形成统一的市场准则。

4. 实施绿色信贷的信息共享机制尚未建立

相关行业部门和金融机构建立信息共享机制是实施绿色信贷的基础，银行开展绿色信贷，客观上要求有健全的信息沟通机制，只有这样，才能降低银行的贷款风险。目前企业环境信息不能及时有效地在相关行业部门和金融机构之间传递，企业的环保信息也基本未纳入央行征信系统。在信息极不对称的情况下，银行开展绿色信贷必然存在较高的风险，这成为一些银行抱怨绿色信贷成本高、收益低，进而不愿意开展绿色信贷的客观原因所在。

5. 开展绿色信贷的相关管理机制和组织保障机制不健全

一是独立的绿色信贷政策体系尚未建立。目前在实际操作层面大多将绿色信贷政策与房地产政策、中小企业等政策进行并列处理，没有形成一个从环境管理和金融宏观调控层面到金融行业，再到企业环境行为控制的一条完整的、环境行为控制管理的绿色金融管理与监控机制体系，绿色信贷的地位、作用和功能还不明确，相关法律法规缺位。二是微观上缺乏相应的激励机制，尤其是政府对金融机构的激励机制。由于经济转型升级不到位，贷款退出的“两高一剩”企业是构成银行贷款业务利润的重要来源，而绿色信贷所支持的项目建设周期长、市场不确定性较大、贷款风险较高，而相应的贷款风险补偿金、贴息、奖励政策等还未建立，这在一定程度上影响了金融机构实施绿色信贷政策的主动性和积极性。三是绿色信贷的专业人才支撑体系尚待建立。目前，金融机构从业人员主要来自金融、财会专业，关于绿色信贷的专业知识比较匮乏，没有从专业性、复合型角度考虑人才培养和人力资源体系建设，制约了绿色信贷发展。

三、江西在国家生态文明建设试验区建设中深入推进绿色信贷的政策建议

目前江西正处于工业化中期的后期阶段，与发达国家推行绿色信贷时已进入后工业化社会的背景不同。因此，江西既要借鉴又不能照搬西方国家的绿色信贷模式，而要因地制宜，结合自身实际，采取循序渐进的策略，探索建立一套适合自身发展阶段的绿色信贷模式。综合考虑上述因素，江西在国家生态文明试验区建设中深入推进绿色信贷的总体思路：围绕国家生态文明试验区建设指标体系，分类梳理绿色信贷支持项目，系统设计绿色信贷产品，建立绿色信贷融资担保机制，积极开展绿色信贷资产流转和证券化工作，循序渐进地形成一套成熟、完善、针对性强的绿色信贷工作机制，为推进生态文明建设发挥作用。具体说来可从以下几个方面着手。

1. 制订绿色信贷支持项目清单

紧密结合信贷工作实际，认真研究国家生态文明试验区建设指标体系内容，从指标要求出发，分析可能涉及的信贷项目，并在此基础上，进一步形成具体支持的项目清单。目前，国家生态文明建设试验区指标体系主要由若干条件和建设指标组成，建设指标主要分为经济发展、生态环境保护和社会进步三类。其中部

分指标涉及的内容对信贷需求较大，具体包括：传统产业节能改造，战略性新兴产业发展，绿色生态农业和低消耗、低污染的现代服务业发展，污水处理、垃圾处置设施建设，烟气脱硫，大型沼气工程建设等。各银行业金融机构要把绿色信贷纳入长期发展战略规划，明确重点支持的行业和领域，严格执行名单制管理，积极拓展绿色信贷业务。

2. 创新绿色信贷产品和服务

在风险可控和商业可持续的前提下，积极创新绿色信贷产品。大力推广“财园信贷通”“财政惠农信贷通”“油茶贷”“电商贷”“挂贷通”“军民融合信贷通”等信贷创新产品。积极研发能源效率贷款、节能减排专项贷款等绿色信贷产品，推进科技、健康养老、生态环保、生态旅游和现代农业等领域的绿色信贷产品创新。大力推广网上支付、移动支付等非现金支付方式，促进电子商业汇票业务发展，提高绿色支付结算比例。简化绿色信贷审批流程，开展绿色信贷流程再造，鼓励金融机构对绿色金融项目专列信贷计划、专项审批授信，优化贷款的期限结构，提高审批效率。取消不合理收费，降低绿色信贷融资成本。

3. 建立绿色信贷融资担保机制

整合省、市、县三级现有政策性担保资源，组建绿色专营担保机构，完善专业化的绿色担保机制，鼓励省信用担保公司、省融资担保公司、省再担保公司等制定绿色信贷专项审批政策，加大对绿色信贷的增信支持。创新能效信贷担保方式，以特许经营权质押、林地经营权抵押、公益林和天然林收益权质押、应收账款质押、履约保函、知识产权质押、股权质押、合同能源管理项目未来收益权质押等方式，开展能效融资、碳排放权融资、排污权融资等信贷业务。

4. 积极开展绿色信贷资产流转和证券化工作

支持省内法人银行机构依法依规对绿色信贷资产进行流转和证券化，盘活存量信贷资源，为绿色信贷腾挪规模空间。鼓励驻赣银行业金融机构向总行申请开展专项绿色信贷资产证券化，利用总行绿色信贷资金支持江西绿色产业发展。

5. 以绿色信贷促进生活方式绿色化

传统绿色信贷主要支持生产方式绿色化，在建设国家生态文明建设试验区的过程中，生活方式的绿色化同样重要，更能反映全社会生态文明建设意识的提高。因此，可以结合国家生态文明试验区指标要求，从绿色出行、节水节电、垃圾分类等方面入手，通过差别化利率手段，针对不同人群设计不同利率的存贷产品，鼓励人们生活方式的绿色化。同时，也可借此更好地树立金融机构倡导绿色环保的社会形象。

6. 完善绿色信贷相关配套政策

一是完善绿色信贷奖惩政策。对一些在发放绿色信贷方面做得较好的银行实施奖励，包括税收优惠、财政补贴等，使商业银行开展绿色信贷有利可图。对出现一些变相违反“绿色信贷”政策的银行进行惩罚。二是逐步建立住处沟通机制。环保部门应加强与银行的住处交流，建立完善信息沟通共享机制，为银行开展绿色信贷提供目录指引、项目环保标准和环境风险评级标准。

参考文献

[1] 巴曙松，严敏，吴大义. 后金融危机时代中国绿色金融体系的发展趋势[J]. 金融管理与研究，2010（2）.

[2] 董捷. 我国绿色金融发展的现状、问题和对策[J]. 工业技术经济，2013（3）.

[3] 周航，李君. 以国家生态文明建设示范区为平台的绿色信贷发展研究[J]. 环境保护，2015（43）.

[4] 刘曼琳. 以江西省为例看供给侧改革背景下绿色信贷的发展[J]. 市场研究，2017（4）.

流域综合管理创新与江西国家生态文明试验区建设

罗斌华[①] 杨志平

（江西省山江湖开发治理委员会办公室，南昌 330046）

摘 要：实行流域综合管理是实践证明解决流域性资源环境问题的有效方法，是当前我国构建生态文明治理体系和提升生态治理能力现代化的重要内容。保护好鄱阳湖“一湖清水”对于推进国家生态文明试验区（江西）建设、保障长江中下游乃至全国水生态安全具有重大意义。要打造山江湖综合开发治理升级版，创新流域综合管理模式，全面实施五级河长制，加快推进流域综合修复，大力推进流域生态保护补偿，深入推进流域综合管理改革。加强源头严防，坚持过程严管，强化后果严惩，将鄱阳湖流域打造成“山水林田湖草”综合治理样板区，支撑长江经济带共抓大保护。

关键词：生态文明 鄱阳湖流域 流域综合管理

---

① 罗斌华（1985—），男，江西于都人，江西省山江湖开发治理委员会助理研究员、江西师范大学马克思主义学院博士研究生，主要从事生态文明建设研究。杨志平（1972—），男，江西瑞金人，江西省山江湖开发治理委员会副研究员，主要从事流域综合管理研究。

联系地址：江西省南昌市省政府大院北一路 14 号；联系电话：0791-88915278，15970633106；邮箱：774391068@qq.com。

2016年，党中央、国务院把江西与福建、贵州列为国家生态文明试验区，要求把鄱阳湖流域作为一个“山水林田湖草”生命共同体，统筹山江湖开发、保护与治理，探索大湖流域生态、经济、社会协调发展新模式，为全国流域保护与科学开发发挥示范作用。发源于江西的东、南、西三面边界山地的各条河流，顺势从东、南、西三面流向北部汇入鄱阳湖，构成了完整的鄱阳湖流域。流域地形分山区、丘陵、平原岗地、湖区4个层次，其中山地面积占流域总面积的36%、丘陵面积占42%、平原岗地面积占12%、湖区面积占10%，对应产水区—汇水区—耗散区—汇入区，水循环要素完整，作为整个流域水资源的主要存蓄和调节空间，鄱阳湖是整个流域水系的核心。鄱阳湖流域占全省面积的94.1%，整个流域生态系统与江西省行政区划基本吻合，为流域的综合、协调、统筹发展与保护创造了有利条件。实践证明，实行流域综合管理是解决流域性资源环境问题的有效方法，是当前构建生态文明治理体系和提升生态治理能力现代化的重要内容。江西是我国流域综合管理的地方先行者，20世纪80年代初，就成立了由省委、省政府主要领导挂帅的山江湖开发治理委员会，实施对鄱阳湖流域进行综合开发治理。鄱阳湖是我国最大淡水湖和国际重要湿地，年均注入长江的水量为1 450亿m^3，约占长江径流总量的15.6%。因此，创新鄱阳湖流域综合管理，对加快全国生态文明建设试点示范，促进长江流域大保护，巩固南方地区重要的生态安全屏障，具有迫切的现实意义和深远的战略价值。

一、流域综合管理、流域系统规律与流域生态系统服务

流域综合管理是现代流域治理与发展的重要思想。早期的流域管理主要针对水资源保护和利用、旱涝灾害防治等内容，随后在实践中，逐渐认识到流域水文系统与其他自然系统和社会经济系统的密切联系。改革开放以来，我国在流域综合管理方面的理论和方法得到不断的发展。

1．流域综合管理的科学内涵

在概念上，通常认为流域综合管理是指在流域尺度上，通过跨部门与跨地区的协调管理，开发、利用和保护水、土、生物等资源，最大限度地适应自然规律，充分利用生态系统功能，实现流域的经济、社会和环境福利的最大化以及流域的可持续发展。从整体内涵上看，流域综合管理一是要素上进行整体谋划，整体考虑流域内水、土、气、生等多种要素的可持续性；二是部门上强化协作，整体统筹规划、国土、农、林、水、建设、环保等涉及资源开发利用和环境保护的多个政府部门的决策和行为；三是区域上进行平衡，整体设计流域上游、中游、下游的权利、责任和义务，建立一个公平合理的跨行政区域的协调、对话机制，实现流域共同福祉的最大化；四是利益组织协调，整体统筹政府、企业、公众等各利益相关方的权益与责任。

2．流域系统的组成与特征

流域主要分为自然子系统与社会经济子系统。其中，自然子系统以水分循环为主的水文过程是流域自然系统的核心，从生态系统的角度看，流域内的动物、植物、微生物等通过直接或间接的有机组合，形成生物与环境、生物与生物之间的能量交换、物质循环和信息传递，构成相互联系、相互制约和相互依存的一个整体。一个大流域可划分为若干小流域，而每个小流域又可以进一步细分为更小的流域。社会经济子系统反映流域内的各种经济成分和社会经济关系，在一定的地理环境和社会制度下构成流域社会经济子系统。流域系统具有典型特征，一是整体性。流域内不仅各种要素之间联系密切，而且上中下游、干支流之间相互影响。二是区域性。特别是大流域，内部呈现区域差异性。三是层次性和网络性。流域子系统与水系的层次性。四是开放性和耗散性。流域系统内外有活跃的人、财、物、信息交换，是一个开放型耗散结构系统。五是非稳定性。主要受人类活动的影响，当超过临界阈值时，流域生态系统内部结构和功能就会发生突变。六是非线性。自然因素和社会经济因素间存在非线性关系；众多要素相互联系形成的非线性动态系统。

3. 综合管理契合流域治理规律

河流湖泊的开发利用和保护治理，都需要遵循河流湖泊本身的自然规律。实践证明，只有将流域作为整体单元，对流域环境、资源、生态以及经济和社会活动进行综合管理，才能实现流域内生态环境、自然资源和社会经济协调可持续发展，永葆江河湖泊的持续健康。目前，我国自上而下推动的“河长制”是中国特色社会主义流域综合管理的新成果，是我国在流域综合管理实践中探索的新制度、新方法、新路径。可见，以河长制为核心的流域综合管理体系将在全国河流湖泊管理中得到贯彻落实。

二、鄱阳湖流域综合开发、治理与保护的历史、问题与目标

1985 年以来，江西深入实施山江湖工程，对鄱阳湖流域进行综合管理与系统保护，形成了具有特色的湖泊流域综合治理体系，开启了江西生态文明建设探索的先锋之路。30 年来，山江湖综合开发治理的制度安排与实践自觉，体现了江西历届省委、省政府的前瞻与担当；在实践中诠释了湖泊综合管理的创新道路、展示了湖泊综合管理的创新智慧，为当前提升湖泊和流域现代治理体系与治理能力提供借鉴。

1. 鄱阳湖流域综合开发、治理与保护的实践历程

20 世纪 80 年代初，开始实施山江湖工程，对鄱阳湖流域进行综合管理与系统保护，致力于构建一个健康的鄱阳湖流域生态系统，体现了流域综合管理和生态文明要求，形成了具有特色的湖泊流域综合治理体系，为进一步创新流域生态文明建设提供启示。21 世纪以来，江西坚持“生态立省、绿色发展”，大力推进鄱阳湖生态经济区建设。2009 年，国务院批复《鄱阳湖生态经济区规划》，把鄱阳湖生态经济区定位为世界性生态文明与经济社会发展协调统一、人与自然和谐相处的生态经济示范区和中国低碳经济发展先行区。2014 年，国家批复江西省全境列入生态文明先行示范区，2016 年列为国家生态文明试验区，为江西绿色崛起

提供了宝贵的历史机遇。

2．鄱阳湖流域综合管理存在的问题

当前鄱阳湖流域管理体制存在的问题凸显：以部门为基础的横向管理导致职能重叠和空白并存；以行政区划为基础的纵向管理有悖流域自然单元和整体性；利益相关方参与不足，流域科学决策机制不完善。与全国诸多流域管理一样，存在各行业和部门管理职责存在不同程度的交叉、错位、缺位现象，导致在河道管理、水资源开发利用、水事纠纷等方面上存在主体责任不明确、监管缺位等漏洞[2]，部门协同联动机制不健全，水资源水环境信息科技技术术支撑体系不完善。

3．鄱阳湖流域综合管理创新的目标

按照国家生态文明试验区（江西）建设要求，建立流域综合修复制度。深入总结推广“山江湖”系统治理经验，对山水林田湖生态系统进行整体保护、系统修复和综合治理。基本构建覆盖全省、统一规范的全流域生态保护补偿制度，建设成本共担、效益共享、合作共治的跨区域流域生态保护长效机制。实现省级层面流域管理职能整合，对流域开发与保护实行统一规划、统一监测、统一管理。出台流域管理地方性法规，流域综合管理实现法制化。以加快构建江西省现代水治理体制机制为主线，进一步完善全面推行“河长制”工作细则，打好“组合拳”，着力解决流域治理协同失灵和治水政策资源力量碎片化问题；进一步结合流域覆盖特点，构建系统完整的流域综合管理机制。

三、生态文明视域下鄱阳湖流域综合管理创新路径

保护好鄱阳湖“一湖清水”对于推进国家生态文明试验区（江西）建设、保障长江中下游乃至全国水生态安全具有重大意义。当前，保护好鄱阳湖“一湖清水”既面临着难得的历史机遇，也面临着严峻的困难挑战。鄱阳湖流域工业生产废弃物、农业面源污染、城乡生活污水违规入河倾倒排放时有发生，造成局部水体污染、生态破坏。需要构建山江湖区域暨鄱阳湖流域经济社会发展和生态文明

协调可持续发展升级版。

1．打造山江湖综合开发治理升级版

山江湖综合开发治理必须适应新形势、设计新任务、对接新战略，提升鄱阳湖流域现代治理体系和治理能力，打造山江湖升级版。坚持流域整体观，用系统思维治理“山江湖”。一要着力破解制约流域综合管理的体制机制障碍，健全“山水林田湖草”系统保护与综合治理制度体系。完善流域综合修复、流域生态补偿等制度，探索流域统一规划、统一监测、统一管理的流域管理委员会新模式；落实自然资源资产产权制度，编制产权主体权利清单；落实国土空间开发保护制度，实现主体功能区、多规合一、生态红线、用途管制。二要着眼流域当前突出环境问题，加强生态系统保护与修复制度。加强山地丘陵区生态保护与环境整治，提升森林生态系统质量，加强水土流失综合治理，加强土壤污染修复与开发利用。加强河谷平原区污染综合防治，恢复农田生态系统，加强河流的水污染防治，开展农村面源污染综合治理。鄱阳湖环境综合治理，提升鄱阳湖水功能。实施生物多样性保护工程，开展退化湿地和沙化土地生态修复与示范，构建湿地资源开发利用与保护新模式。三要探索绿色发展新路径。在鄱阳湖流域整体发展模式上，要继续坚持“立足生态、着眼经济、系统开发、综合治理”，从以“治山、治江、治湖、治穷”的抢救恢复型为主的生态治理模式，转变为“富山、富水、富民、强生态”的减压增效型可持续发展模式，打造“山江湖治理模式”升级版。四要深入实施流域综合治理工程。有计划地对各条流域进行综合整治，加强鄱阳湖流域重点城镇环境治理，探索并完善中小河流治理模式。实施生态清洁型小流域治理，推动重点生态功能区、江河源头地区水土流失治理。

2．创新流域综合管理模式

全面实施五级河长制。河长制是当前流域综合管理的重要举措，是实践证明富有成效的流域综合管理新模式。全面推行河长制要进一步细化责任、强化考核，落实水资源保护、水域岸线管理、水污染防治、水环境治理等职责，完善执法监督制度。一要加强日常监督，优化考核办法，创新考核方式，健全奖惩机制。二要扎实推进治污水、防洪水、排涝水、保供水、抓节水“五水共治”；突出鄱阳湖流域特色，做好“治山理水、显山露水”这篇大文章。三要从立法、司法、执法和守法方面，加强河长制法制建设，保障河长制有效实施。四要提升标准管理能力、专业治理能力、科技支撑能力和国际交流能力。

3．加快推进流域综合修复

深入总结推广“山江湖”系统治理经验，加强鄱阳湖流域生态系统保护与修复。建立流域水生态环境功能分区与评价标准，强化对生态系统脆弱、环境容量较小流域的保护与修复。开展生态清洁型流域综合治理，推动水土保持监测评价，探索村民自建、以奖代补、民间资本参与等水土流失治理投入和管理机制。开展“山水林田湖草”生态保护修复工程试点，推动生态系统整体保护、系统修复和综合治理。

4．全面推进流域生态保护补偿

科学制定流域生态保护补偿标准、方法和途径，完善补偿资金筹措与增长机制，逐步构建覆盖全省、统一规范的全流域生态保护补偿制度。探索流域上下游地区的资金补助、产业转移、人才培训、教育帮扶、园区共建等多种生态补偿模式。实施跨省流域横向生态保护补偿，建立成本共担、效益共享、合作共治的跨区域流域生态保护长效机制。制定水功能区监督管理实施细则，建立水功能区生态保护补偿制度，严格水资源费征收管理。

5．深入推进流域综合管理改革

在赣江流域开展按流域设置环境监管和行政执法机构试点，构建流域水环境保护协作机制，省级环境保护部门整合相关职责，设置流域环境监管和行政执法机构。探索建立鄱阳湖流域综合管理协调机制，统筹省级层面流域管理职能，研究组建鄱阳湖流域管理机构，完善流域管理与行政区域管理相结合的水资源管理体制，对流域开发与保护实行统一规划、统一调度、统一监测、统一监管。

流域综合管理要尊重自然演变规律、经济运行规律和社会发展规律。在鄱阳湖流域综合管理的上层设计和具体实践中，要贯彻全面把握、统筹谋划、系统推进的立场、观点和方面，坚持系统治理、依法治理、综合治理、源头治理。加强源头严防，全面落实生态保护红线、水资源红线、土地资源红线制度，完善自然资源产权制度，加强空间管控，深入实施主体功能区规划。坚持过程严管，完善环境管理与督察制度，加强市县城乡生活垃圾管控，规范主要污染物初始排污权核定与分配技术。强化后果严惩，完善考核评价机制，进一步提高生态文明在考核中的权重，出台生态文明建设目标评价考核办法，探索自然资源资产负债表及离任审计，对党政领导干部生态环境损害进行责任精准追究。同时，加快省内流域生态资源市场建设，鼓励、支持、引导和吸收各类型企业、私人部门、第三方组织和普通民众参与到流域生态资源市场的供给与管理之中，创建有偿使用资源环境，实现资源、资本及资产合理转换的制度体系。通过不断深化流域综合管理体制改革，实现鄱阳湖流域综合管理现代化，打造成“山水林田湖草”综合治理样板区。

参考文献

[1] 李云鹏，王力，周祖昊，等. 基于大湖视野的鄱阳湖流域水生态文明内涵及特性分析[J]. 中国水利，2017（6）：13.

[2] 李文芳，王静，彭海源. 汉江流域水生态文明建设对策探讨[J]. 中国水利，2017（6）：10.

[3] 常亮. “准市场”与流域综合管理现代化——以辽宁省为例[J]. 党政干部学刊，2016（3）：67.

[4] 王晓学，胡元明，彭树恒，等. 流域一体化下的生态文明先行示范区建设探索[J]. 水资源保护，2017（1）：86.

生态城镇化背景下区域经济发展效率研究——以江西省为例①

余达锦　吴　龙

（江西财经大学，南昌　330013）

摘　要：新型城镇化虽然强调城镇发展与生态环境的协调统一，但城镇化对于生态环境的负面影响却不可能完全消失，以江西省为例，基于 DEA 方法，选取相关的评价指标，从静态和动态两方面分析了代表性地区环鄱阳湖经济圈城镇化的生态效率，随后建立了 AR（p）模型修正的多元线性回归模型，分析江西省经济发展对于自然资源的依赖性，结果得出影响城镇化生态效率的主要因素是技术进步，2015 年江西省区域能源消费对经济增长的贡献率超过了 33%，从侧面反映了江西省集约化、绿色化发展程度的不足，对于自然资源的依赖导致对生态环境形成了巨大的压力，必须加快技术升级，开发利用新能源，发展绿色环保型经济，才能实现城市经济发展、城镇化、生态环境的协调统一。

关键词：城镇化　生态效率　DEA-Malmquist　绿色发展　回归模型

---

① 基金项目：国家社会科学基金项目“欠发达地区城镇化质量测度与提升研究”（13BGL010）；江西财经大学协同创新中心招标重点课题“节能环保产业发展与政策支持研究”（201606）；江西省 2016 年度研究生创新专项资金项目“大数据时代下江西省人口老龄化与城镇化建设的相关性研究”（YC2016-S242）。

作者简介：余达锦（1976—），男，江西奉新人，江西财经大学统计副教授、博士、硕士生导师，研究方向为区域经济管理；E- mail：ydjwhh@163.com。吴龙（1990—），男，湖北广水人，江西财经大学 2015 级管理科学与工程专业硕士生。

一、引言

党的十八届五中全会，习近平对“五大理念”做出了深入的解读，“五大理念”强调创新性、统筹性、绿色性以及共享性，对经济发展的结构调整、产业升级等起着指导性的意义。绿色的理念是可持续发展的有力保障，同时也是建设生态文明以及美丽中国的现实选择。以 GDP 为主要考核指标的发展模式，使得经济发展与生态环境之间形成了极端对立的局面，是不计生态环境代价的一元增长模式。这种模式忽视了发展的多方面共进，其实质消耗的是人类的未来。在新的阶段，如何协调处理经济发展与生态环境的关系已成为一个重要课题，绿色的发展模式不仅是一个环境保护的问题，还是一个重要的社会问题。新型城镇化追求的是一个生态宜居的城镇化过程，城镇化进程过快、过猛带来的只是消耗自然生态的超前状态，所以一些地方出现了生态承载力的下降，人口与资源矛盾突出的现象。城镇化也需要可持续发展，因此过程的生态性显得尤为重要[1]。

城市经济是区域经济的支撑，它的总体情况反映了区域的状况，许多研究都证实了城镇化推动了经济的增长，但是现阶段处于高速发展时期的城镇化只是一种非完全的城镇化。第一，农村人口或者迁移人口向市民化的转变并不彻底，真正的市民化应该是赋予农民享有与城市居民相匹配的经济和现代文明的权益，使其深层次地融入城市，培养新兴市民现代的生活方式、工作方式以及教育方式的过程，这一过程涵盖了广泛的经济内涵和社会机理[2]；第二，在城镇化的过程中由于广泛存在高消耗、无特色的模式，引起了一系列如空气污染、垃圾堆积等的城市生态问题，城镇化过程中人类活动从土地的利用、人口的集中与生活、废弃物的处理等途径会给城市生态承载力带来压力[3]。

生态环境的改善有利于反哺城镇化进程。区域生态环境的人口承载量是有界限的，良好的生态环境有利于城镇化的过程，城镇化中极为明显的表现就是伴随着大规模的人口迁移，无论是大都市化、中小城镇化还是其他模式都存在着一定的人口迁移现象，改革开放初期实施计划生育来限制人口爆发式增长，正是基于资源及环境的相对短缺的考虑。所以，优良的自然环境有利于提高生态承载力从而有利于城镇化的有序推进，生态环境容量是探索城市经济社会活动的重要指标[4]。

基于上述事实，中国政府提出了必须坚持新型城镇化道路，实现城镇化与生态环境的协调统一。但是，从长远来看，即使我们有许多的策略来限制经济增长对环境的负面影响[5]，经济增长与生态系统之间，无论经济以怎样的速度去增长，都难以保持一致。因此，大量的学者也开始关注发展的生态效率问题，生态效率是指使用最小的生态成本获得可能的最大相应产出，罗能生等（2013）研究发现，城镇化水平与区域生态效率呈非对称的 U 形关系，中国大部分区域还处在 U 形曲线的下降阶段，经济发展的生态代价非常明显[6]。余达锦（2010）指出，生态城镇化并不等于是生态城镇，它们之间存在着一些差别，生态城镇化将生态的概念预先引入城镇化进程，把城镇化当作构建和促进生态文明的重要途径，使城镇化表现出可持续性的特征[7]。可以看出，生态城镇化是未来城镇化发展的主要方向，其结果一定是生态城镇。

本文以江西省为例，基于 DEA-Malmquist 方法，选取相关的评价指标，从静态和动态两方面分析了代表性地区环鄱阳湖经济圈城镇化的生态效率，以此反映江西省的生态效率情况，随后建立 AR 模型修正的多元线性回归模型，分析江西省经济发展对于自然资源的依赖性，试图结合区域生态城镇化与经济发展现状，找到一些区域城市经济可持续发展的途径与策略。

二、环鄱阳湖经济圈城镇化生态效率评价

实现绿色发展必须大力发展生态经济，黄渊基（2016）认为生态经济已经是实现绿色可持续发展的现实选择[8]，21 世纪以来，江西省经济发展迅速，城镇化进程势头迅猛，其具有大面积的天然湿地，绿水青山，使良好的生态环境成为其

一大优势，江西省政府也提出要“绿色崛起，实干兴赣”，建设美丽中国江西样板，但是总体上江西省仍处于欠发达地区。环鄱阳湖经济圈是江西省经济发展比较成熟的地区，在区域范围内，改造传统技术，进行无污染或轻污染生产，提倡绿色消费，业态生态化，特色鲜明，具有良好的代表性。因此，本文对该区域主要城市的生态城镇化状况进行评价，既可以考虑区域情况又可以对不同的城市单元进行比较。

1. DEA 方法说明

数据包络分析（DEA）法自从 1978 年，由著名的运筹学家、美国得克萨斯大学教授 A. Charnes 及 W. W. Cooper 和 E. Rhodes 提出以来，在经济学、管理学、金融学等领域得到了广泛的应用，其基本思想是衡量某一个决策单元是否处于由数据包络线组成的生产前沿面上，以此来判断是否 DEA 有效，DEA 方法随着发展形成了 CCR、BCC、FG、ST 等模型。考虑到本文主要研究环鄱阳湖经济圈城镇化生态效率问题，要求在固定投入下实现最大产出，并且规模报酬在实际中存在变化，因此这里选择产出导向型的 BCC 模型，BCC 模型可以测度规模报酬可变时的区域经济的发展效率情况[9]。

DEA 方法 BCC 模型如下：

$$\begin{cases}\min\left[\theta-\varepsilon\left(\hat{e}^{T}s^{-}+e^{T}s^{+}\right)\right]\\ \text{s.t.}\sum_{j=1}^{n}X_{j}\lambda_{j}+s^{-}=\theta X_{0}\\ \sum_{j=1}^{n}Y_{j}\lambda_{j}-s^{+}=Y_{0}\\ \sum_{j=1}^{n}\lambda_{j}=1\\ \lambda_{j}\geqslant 0;j=1,2,\cdots,n;s^{+}\geqslant 0,s^{-}\geqslant 0\end{cases}$$

式中，ε为非阿基米德无穷小，s^{+}、s^{-}为松弛变量，$\hat{e}^{T}=(1,1,\cdots,1)\in E_{m}$；$e^{T}=(1,1,\cdots,1)\in E_{s}$。在 BCC 模型中技术效率与纯技术效率和规模效率有关，其 DEA 有效依据后两者在数值上是否为 1 区分为弱 DEA 有效及 DEA 有效，必须同为 1 才是 DEA 有效，否则为弱 DEA 有效或非 DEA 有效。

Malmquist 指数是一种动态效率评价方法，生产率的变化被分化为两部分，一部分是技术进步的变化，另一部分是综合效率变化，随着时间周期的变动，生产率相应变动，也就是 TFP 变动，因此是一种动态方法，从数学表达式上看计算公式如式 1。

$$\text{TFP} = \text{综合效率} \times \text{技术进步} = (\text{纯技术效率} + \text{规模效率}) \times \text{技术进步} \quad (1)$$

2．指标选取与数据来源

由于决策单元的有限性，为了保证评价方法的有效性，使 DMU 个数大于投入产出指标乘积的 2 倍，本文选取了一个产出指标，两个投入指标。

城镇绿地是城镇化进程中具有代表性的生态特征之一，是建设生态宜居的新型城镇应该重点关注的事项，从投入产出角度看是城镇化建设的生态产出之一，单位 GDP 能耗反映了能源利用的效率，可以代表技术水平，资金投入是经济发展不可或缺的一部分，因此本文选取城市建成区绿化覆盖面积（hm^2）、全社会固定资产投资（万元）、单位 GDP 能耗（t 标准煤/万元）作为产出和投入指标，由于单位 GDP 能耗是成本型指标，因此将其进行倒数处理 $Y_{ij} = 1/X_{ij}$ 。所有的数据都来自《江西省统计年鉴》和《中国统计年鉴》，并且使用 GDP 平减指数消除了价格因素。

3．输出结果分析

根据 BCC-DEA 模型，运用 DEAP2.1 工具测算了 2013—2015 年环鄱阳湖经济圈城镇化的生态效率（表 1）。

从鄱阳湖经济圈的整体来看，2013—2015 年，区域城镇的生态综合效率均值由 0.709 上升到 2015 年的 0.716，呈现出缓慢上升的趋势，规模效率的均值最高，但是有所下降，区域范围总体上投入存在冗余，纯技术效率上 2015 年有所改善，区域城镇化的生态失效状况既存在技术效率的问题，也存在规模效率的问题，但是技术效率的缺失更为严重。

表 1　BCC-DEA 结果

	2013 年				2014 年				2015 年			
	crste	vrste	scale	规模收益	crste	vrste	scale	规模收益	crste	vrste	scale	规模收益
南昌	1.000	1.000	1.000	—	1.000	1.000	1.000	—	1.000	1.000	1.000	—
九江	0.911	1.000	0.911	irs	0.875	1.000	0.875	irs	0.775	1.000	0.775	irs
上饶	0.380	0.395	0.961	drs	0.383	0.397	0.966	drs	0.549	0.567	0.969	drs
鹰潭	0.450	1.000	0.450	irs	0.457	1.000	0.457	irs	0.485	1.000	0.485	irs
抚州	0.515	0.574	0.899	drs	0.512	0.565	0.906	drs	0.487	0.534	0.913	drs
景德镇	1.000	1.000	1.000	—	1.000	1.000	1.000	—	1.000	1.000	1.000	—
均值	0.709	0.828	0.870	—	0.705	0.827	0.867	—	0.716	0.850	0.857	—

注：crste 表示综合效率；vrste 表示纯技术效率；scale 表示规模效率。

从区域内的城市来看，其中南昌市和景德镇市始终处于 DEA 有效状态，城镇化的生态效率最高，其规模收益不变；九江市、鹰潭市处于弱 DEA 有效状态，技术效率颇高，但其规模效率不足，规模收益递增，说明九江市和鹰潭市在资源投入上有所不足；上饶市、抚州市的纯技术效率和规模效率都表现出失效状态，主要是技术效率的严重低下造成的，并且规模收益递减，存在资源的浪费，2013—2015 年，技术效率有所改善。

通过对环鄱阳湖经济圈城镇化生态效率的静态评价，发现部分地区的生态效率严重低下，给生态环境带来了巨大的负面影响。为进一步从动态的角度分析城镇化生态效率的变化趋势，本文运用 Malmquist 指数测算了区域生态效率变化的全要素生产率变化（表 2）。

Malmquist 指数将生态效率的变化分解为技术进步的变化和综合效率的变化，从总体上看，环鄱阳湖地区全要素生产率平均变化在 2013—2014 年大于 1，但在 2014—2015 年小于 1，表明 TFP 的值并不稳定，第一个测算周期上升，第二个测算周期下降；从分解指标上看，TFP 上升主要是由于规模效率的上升带来的，而 2014—2015 年 TFP 下降是由于技术进步和规模效率的同时下降。

表 2 Malmquist-DEA 结果

	2013—2014 年					2014—2015 年				
	effch	techch	pech	sech	tfpch	effch	techch	pech	sech	tfpch
南昌	1.000	0.947	1.000	1.000	0.947	1.000	1.053	1.000	1.000	1.053
九江	0.961	0.923	1.000	0.961	0.887	0.886	1.025	1.000	0.886	0.908
上饶	2.635	0.949	2.532	1.041	2.500	0.549	0.872	0.567	0.969	0.479
鹰潭	0.949	0.927	0.437	2.173	0.880	1.134	0.834	2.290	0.495	0.946
抚州	0.993	0.925	0.985	1.008	0.918	0.952	0.956	0.945	1.007	0.910
景德镇	1.000	0.899	1.000	1.000	0.899	1.000	0.917	1.000	1.000	0.917
均值	1.156	0.928	1.014	1.140	1.073	0.898	0.940	1.035	0.868	0.844

注：effch 表示综合技术效率的变动；techch 表示技术进步的变动；pech 表示纯技术效率的变动；sech 表示规模效率的变动；tfpch 表示全要素生产率的变动，以上数值大于 1 表示状况改善，小于 1 表示恶化。

从单个城市来看，大部分城市的城镇化生态全要素生产率呈现下降的趋势，2014—2015 年仅有南昌市的全要素生产率表现出改善，其余城市 TFP 全部下降，TFP 的下降主要是技术因素带来的，一些落后的生产技术与发展不匹配，造成资源的利用效率不高。

追求经济发展的内涵要把城镇化进程的生态性纳入考虑范围，因此必须注重技术水平的进步，提高自然资源的利用效率，也就有利于提高经济发展的生态内涵，技术水平越高，能源利用效率越高，发展带来的生态压力就越小。

三、江西省能源利用的计量分析

通过以上的 DEA 模型分析，发现城镇化生态效率的缺失主要是技术因素造成的，由于技术水平低下，为了获得相同的经济成果，从而加剧了对自然资源的开发，又会导致新的资源浪费，因此城镇经济发展中对自然资源的利用直接影响了城镇化的生态效率，区域经济从形式上可以看作是城市经济以及各个城市之间空间溢出效益的组合，是一个由点到面的过程，因此城市经济为区域经济提供了类似微观单位的支撑，研究区域经济发展的总体情况也就能够反映城市经济的状况；

过去很长一段时期内，中国的经济是由高能耗带来的[10]，经济的发展受到能源消费的决定性影响，使得人类对自然资源的开发所带来的环境问题成为21世纪人类的巨大挑战之一[11]。

接下来基于经典的C-D生产函数，建立多元线性回归模型，以衡量江西省经济发展对能源投入的依赖程度，而这一依赖程度也代表了对自然资源的依赖程度，最终衡量区域城镇化进程的生态前景。

1. 数据来源及模型形式

经典的多元线性回归模型是使用多个解释变量对因变量进行解释的模型，文章主要研究地区GDP对能源消费的依赖程度，因此选择地区GDP（万元）作为因变量，能源消费量（ENE，万t标准煤）作为解释变量，同时为提高模型的显著性，将全社会固定资产投资（GZC，万元）和年末就业人数（EMP，万人）作为控制变量，计入模型之中，文中数据范围从1985—2015年，数据全部来源于《江西省统计年鉴》和《中国统计年鉴》，并且使用GDP平减指数消除了价格因素，模型的数学表达式见式2。

$$\mathrm{GDP}_t = \beta_0 + \beta_1 \mathrm{GZC}_t + + \beta_2 \mathrm{EMP}_t + \beta_3 \mathrm{ENE}_t + \mu_t \qquad (2)$$

2. 平稳性与协整检验

由于文中的数据都是时间序列数据，为了避免模型成为虚假的回归，以及确定变量之间存在长期稳定关系，故需要对相关的变量序列进行平稳性检验和协整检验，平稳性检验选择ADF检验，协整检验使用E-G两步法，对OLS回归方程的残差项进行ADF检验，以确定协整关系（表3）。

经过检验，变量的原始序列都是非平稳的，一阶差分序列也是非平稳的，二阶差分序列是平稳的，即变量是I（2）单整的。

变量的同阶单整是协整检验的基础，因此变量二阶单整可以进行协整检验，通过对表2回归方程残差的检验，发现残差序列是平稳的，也就是说变量具有协整关系，回归是有效的。

表 3　平稳性及协整检验结果

变量	t 统计量值	p 值	结果
GDP	0.035 748	0.686 2	不平稳
Δ（ΔGDP）	−2.723 474	0.008 3***	平稳
GZC	21.927 91	0.999 9	不平稳
Δ（ΔGZC）	−6.541 817	0.000 1***	平稳
EMP	2.078 231	0.989 0	不平稳
Δ（ΔEMP）	−6.068 554	0.000 0***	平稳
ENE	9.937 096	1.000 0	不平稳
Δ（ΔENE）	−8.461 632	0.000 0***	平稳
回归残差	−3.117 631	0.003 0***	平稳

注：“***”表示在 1%的显著性水平上显著，表中只列出了原序列和二阶差分序列检验结果。

3．回归结果分析

由协整检验得知，变量具有长期的稳定关系，因此建立多元线性回归模型，使用 OLS 进行回归分析（表 4）。

表 4　OLS 回归结果

变量	系数	t 统计量	p 值
常数项	−7 327 628	−5.136 143	0.000 0***
GZC	0.505 525	12.578 60	0.000 0***
EMP	3 875.700	4.178 518	0.000 3***
ENE	1 611.830	6.497 483	0.000 0***
R^2	0.997 273	DW	0.585 258

注：“***”表示在 1%的显著性水平上显著。

观察表 4，变量的回归系数在统计上显著，R^2 的值为 0.997 273，拟合效果非常好，然而 DW 统计量的数值过小，查看 DW 临界值表可知，模型的残差项存在正自相关。

为确定自相关的滞后阶数，本文采用 LM 检验发现残差项存在二阶自相关，因为模型残差存在自相关，随后需要对模型进行修正。

修正自相关的方法一般包括广义差分法、近似估计法、杜宾两步法、迭代法等，本文选择迭代法，首先借助AR（p）模型对回归方程进行修正，之后使用迭代法进行参数估计，本文选择AR（2）模型进行修正（表5）。

表5 AR（2）模型修正后迭代法的回归结果

变量	系数	t 统计量	p 值
常数项	−8 310 068	−2.726 292	0.012 0**
GZC	0.479 472	9.414 377	0.000 0***
EMP	4 352.373	2.399 216	0.024 9**
ENE	1 637.701	4.642 161	0.000 1***
R^2	0.998 908	DW	2.070 962

注：“***”“**”分别表示在1%和5%的显著性水平上显著。

修正后的回归模型各个变量的系数在5%的显著性水平上统计显著，R^2 为0.998 908，对比修正前拟合情况有显著的改善，DW统计量接近2，查表可知，不存在自相关，接着使用LM检验，发现拒绝了原假设，更进一步判断模型不存在自相关，具体回归方程如式3。

$$\text{GDP} = 0.479\,472\text{GZC} + 4\,352.373\text{EMP} + 1\,637.701\text{ENE} - 8\,310\,068 \quad (3)$$

模型相关的系数均为正，符合经济理论，本文着重观察经济的增长对能源消费的依赖性，通过回归表达式可知，能源消费每增长万吨标准煤的量会引起地区GDP平均增长1 637.701万元，按照这一数值，江西省2015年地区GDP为33 304 470万元，能源消费量为8 440.34万t标准煤，能源消费对地区GDP的贡献率超过了33%，因此江西省经济的发展对能源消费具有非常强的依赖性，相对结果就是对自然资源从而对生态环境形成了强大的压力。

四、结论与建议

本文以江西省为例，基于DEA方法，选取相关的评价指标，从静态和动态两个方面分析了代表性地区环鄱阳湖经济圈城镇化的生态效率，随后建立了 AR（p）模型修正的多元线性回归模型，分析了江西省的经济发展对自然资源的依赖性，结果得出影响区域城镇化生态效率的主要因素是技术进步，2015 年江西省区域能源消费对经济增长的贡献率超过了 33%，从侧面反映了江西省集约化、绿色化发展程度的不足，对自然资源的依赖以至于对生态环境的破坏形成了巨大的压力。

为实现城市经济发展、城镇化、生态环境的协调统一，江西省经济发展与城镇化可以从以下几点努力。

1．探索闭环反馈式发展模式

经济的发展无论人类使用什么样的形式，对于生态环境的破坏都是不可能完全消除的，因此为将破坏降到最低，实现生态效益，对于循环发展模式的探索就显得尤为重要，江西省生态环境得天独厚，从生态城镇化的角度看，经济发展更应探索闭环反馈式发展模式，利用好自身的优势（图 1）。

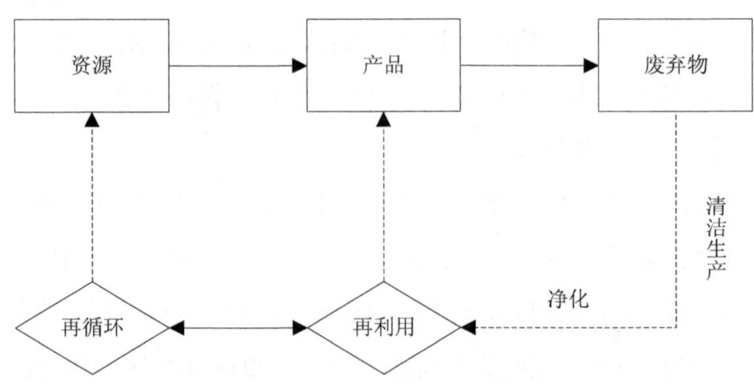

图 1 闭环反馈式发展模式

2．开发和推广清洁技术，提高能源利用效率

通过上文分析发现，影响城镇化生态效率的主要因素是技术进步。因此，这应该是寻求绿色可持续发展的重要着眼点，在经济发展出现新常态、政府鼓励万众创新的新阶段，以创新驱动经济发展，以技术支撑发展的效率，提高能源的使用效率才是当务之急，如此作为，相同的产出需要的资源供应就会减少，同时对

能源的浪费也会下降，如此才可以从“进和出”两个角度去削弱对生态环境造成的负面影响。

3．实行能源供应多元化，开发清洁能源

能源消费是城镇经济发展不可或缺的一部分，然而能源开发多是以自然资源为基础的，对生态环境带来的负面影响，迫使人类去开发如太阳能、风能潮汐能等新的清洁能源，但是当生态环境反过来逼迫人类做出改善的时候，必然就是生态极端恶化，种族生存出现危机的局面。因此，现阶段应该积极主动地开发和推广新的清洁能源，而矿物、化石能源应该逐渐被替代，从而实现能源在供应上的多元化。

4．发展生态产业基金

资金支持对任何产业的发展都是不可或缺的，政府应带头运营生态产业发展基金，在新的生态经济业态出现时及时给予资金支持，孵化新的经济形态，抓住生态经济产业的发展风口，对于产业结构优化升级，转变经济发展方式都存在很大的促进作用，同时作为一项政府措施，对于 PPP 项目的推进，政策的导向都有重要意义。

参考文献

[1] 陈燕妮，张楠，李家祥. 五大理念引领新型城镇化发展[J]. 改革与战略，2016（5）：108-111.

[2] 荣宏庆. 论我国新型城镇化建设与生态环境保护[J]. 现代经济探讨，2013（8）：5-9.

[3] 郗希，乔元波，武康平，等. 可持续发展视角下的城镇化与都市化抉择——基于国际生态足迹面板数据实证研究[J]. 中国人口·资源与环境，2015，25（2）：47-56.

[4] 杨期勇，黄南婷，杨云仙，等. 生态城市建设的生态环境容量分析——以江西省共青数字生态城为例[J]. 生态经济，2016，32（11）：165-169.

[5] Karl Georg Høyer，Petter Næss. The ecological traces of growth：economic growth，liberalization，increased consumption—and sustainable urban development？[J]. Journal of

Environmental Policy & Planning，2001，3（3）：177-192.

[6] 罗能生，李佳佳，罗富政. 中国城镇化进程与区域生态效率关系的实证研究[J]. 中国人口·资源与环境，2013，23（11）：53-60.

[7] 余达锦. 基于生态文明的鄱阳湖生态经济区新型城镇化发展研究[D]. 南昌：南昌大学，2010.

[8] 黄渊基. 生态文明背景下洞庭湖区生态经济发展战略研究[J]. 经济地理，2016（10）：131-136.

[9] 纪成君，鲁婷，陈振环，等. 中国能源消费与经济增长关系的动态演变——基于状态空间模型的变参数分析[J]. 生态经济，2016，32（11）：36-40.

[10] 魏权龄. 数据包络分析[M]. 北京：科学出版社，2004.

[11] 万寿义，杨景海. 能源消耗与经济增长的关系分析——基于辽宁省时间序列数据[J]. 南京审计学院学报，2013，10（3）：9-16.

江西省农业产业结构演进和调整优化路径研究：1996—2015年①

张 琴[1,2] 张利国[1]

（1. 江西财经大学生态经济研究院，南昌 330013；

2. 江西农业大学经济管理学院，南昌 330045）

摘 要：近20年来，随着工业化和城镇化进程的加快，江西省农业产业结构也发生了显著变化，从过去“粮猪型”农业转变成农、林、牧、渔、服务业全面发展，目前农业内部产值大小按“农—牧—林—渔”排序。江西农业中的离粮比重、非猪比重、非木材比重、非鱼类比重均上升，说明江西农业产业结构在这20年间得到了相当程度的优化。但江西也存在农业布局与区域禀赋匹配度不高、农业品牌体系建设滞后、产业集群竞争实力不强、农民组织化程度较低等问题，并相应提出了可供选择的优化路径。

关键词：农业产业结构 江西 演进 调整优化

---

① 基金项目：本文得到江西省社会科学规划项目重点课题“我省农业产业结构优化和转型升级对策研究”（JXYJG-2016-071）资助。

作者简介：张琴（1983—），女，主要研究方向：生态经济，E-mail：amanda003@126.com。

张利国（1977—），男，主要研究方向：农业经济管理，E-mail：njlgzhang@163.com。

一、导论

农业是人类社会的衣食之源、生存之本，关乎国家食物安全、资源安全和生态安全，对我们人口大国而言，农业更是安天下、稳民心的战略性产业。近年来，我国农业取得了举世瞩目的成就，农业发展形势向好，农业发展持续迈上新台阶，农业供给侧结构性改革不断开拓新局面。我国农业供求结构也经历了多个不同阶段。中国主要农产品供给状况经历了从早期的“长期短缺”到20世纪90年代末“总量基本平衡、丰年有余”的历史性转折，再进一步发展为当前的“结构性矛盾”。目前我国农业经济仍有总量平衡的问题，但结构性问题更为突出，即阶段性供过于求和供给不足并存，主要表现为：农产品供求结构失衡、要素配置不合理、农民收入持续增长乏力、优质农产品供给不足、农产品国内外价格倒挂等问题仍很突出，成本地板与价格天花板、资源“红灯”与补贴“黄线”、小生产与大市场、粮食库存高企与销售困难等矛盾亟须破解。当前和今后一个时期，虽然调整农业产业结构需要面对上述诸多困难，但也面临着前所未有的历史机遇。

二、江西农业产业结构的演进特征研究：1996—2015年

1. 江西农业产业发展的概况

江西是农业大省，农业资源丰富，绿色生态优势明显，长期以来为保障国家粮食安全和主要农产品有效供应做出了巨大贡献。江西主要农产品在全国的排位总体靠前，稻谷产量位居全国第3位，柑橘产量排全国第4位。江西每年外调粮食100亿斤、水果100万t、生猪1 200万头、水产品100万t以上。

改革开放以来，在“以粮为纲”的政策背景下，江西重点发展粮食与生猪产业，呈现出以解决温饱、追求数量为目标的“粮猪型”农业生产结构。1996年，江西粮食播种面积占农作物总播种面积的59.36%，其中，水稻播种面积占粮食播

种面积的比重为 85.49%，稻谷产量占粮食产量的比重高达 92.95%，可见，水稻是同期江西种植业的支柱产业。而同年江西畜牧业发展非常倚重生猪，猪肉产量 156 万 t，肉类总产量 188 万 t，猪肉产量占到肉类总产量的 82.98%，猪肉占比远远高于同期全国平均水平和周边省份。客观地说，江西这种单一的“粮猪型”生产结构，适应当时主要农产品长期短缺的时代背景，也为江西和全国的农业供给安全和社会稳定做出过重大贡献。随着经济的发展，片面强调发展水稻和生猪，既不能适应食品需求结构的升级，也成为制约江西农业增效、农民增收的巨大障碍。

2012 年江西省政府出台《江西省农业产业结构调整规划（2012—2020 年）》，提出要推动优势产业向优势区域、优势园区集中，着力打造水稻、蔬菜、果业、茶叶、生猪、家禽、水产品七大集聚区。规划还要求做大做强农产品加工业，重点打造粮食、果蔬、畜禽、渔业、棉麻（丝绸）加工 5 个千亿元产业，以及油料、茶叶、蜂产品、中药材加工 4 个 500 亿元产业，并提出力争到 2020 年，江西农业产业结构调整的规划目标为：粮食综合生产能力达到 2 500 万 t，经济作物产值在种植业占比 55%，养殖业产值占农业总产值 57%，“三品一标”农产品达 5 000 个，绿色农业全国领先。2016 年，农业部正式批复江西省为唯一的全国绿色有机农产品示范基地创建试点省，为江西绿色生态型农业的发展与农业生产方式转型成果给予充分肯定。

2．江西农业产业结构的演进特征分析

江西农业产值占地区生产总值的比重从 1996 年的 31.21%下降到 2015 年的 10.60%（图 1），表明农业在江西国民经济中的比重已经日趋下降，与“配第-克拉克定理”所展示的产业演进一般规律相吻合。但历年江西农业占 GDP 比重一直高于全国同期平均水平，以 2015 年为例，江西省农业增加值占比为 10.60%，而全国同期该值为 9.0%，说明江西依然是农业大省，农业仍在江西经济中占有举足轻重的地位，农业产业结构调整对于江西尤为重要。

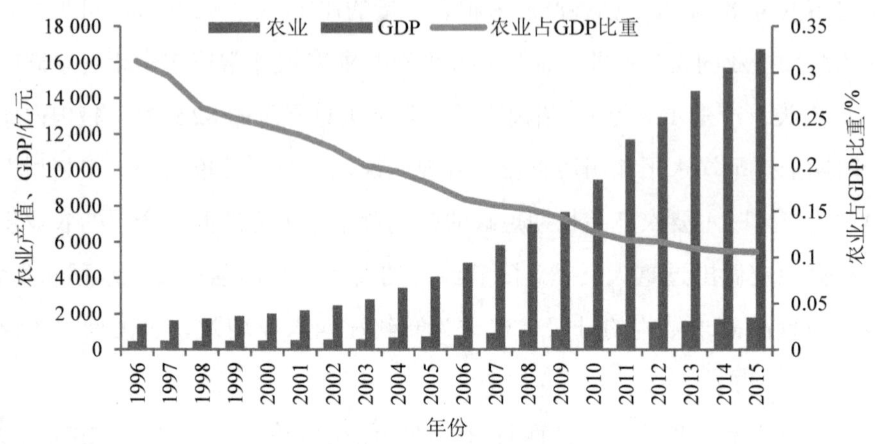

图 1　1996—2015 年江西省农业产值、GDP 与农业占 GDP 比重

进一步分析江西农业产业结构，可以总结出以下六个特征。第一，种植业在呈小幅下降的同时，仍然是江西农业的主导产业。1997 年种植业占农业比重为 52.83%（图 2），之后在波动中下滑至 2015 年的 47.55%，1997—2015 年种植业占农业比重平均值为 47.76%。同时，1995 年江西种植业增加值为 251.05 亿元，稳步上涨为 2015 年的 869.1 亿元，上涨幅度 246%（图 3）。可见，近 20 年来，江西种植业占农业比重下降幅度并不大，种植业仍然是江西农业的半壁江山。这一方面，说明江西作为全国 13 个粮食主产区之一，在保障国家粮食安全方面做了巨大贡献；另一方面，也表明江西的农业产业结构还不够优化。

第二，畜牧业牢牢稳坐江西农业产值第二的位置，种植业与畜牧业在农业产值中“并驾齐驱”是江西农业产业结构的一大特点。从产值来看，江西畜牧业增加值在近 20 年内大幅增长，从 1997 年的 126.71 亿元上升为 2015 年的 389.7 亿元，上涨幅度 208%。从比重来看，江西畜牧业增加值占农业比重从 1997 年的 26.67% 变化为 2004 年的 25.84%，再进一步下调为 2015 年的 21.32%。总的来说，近 20 年江西畜牧业占比平均值为 25.23%，而且畜牧业占农业比重的变动幅度很小。

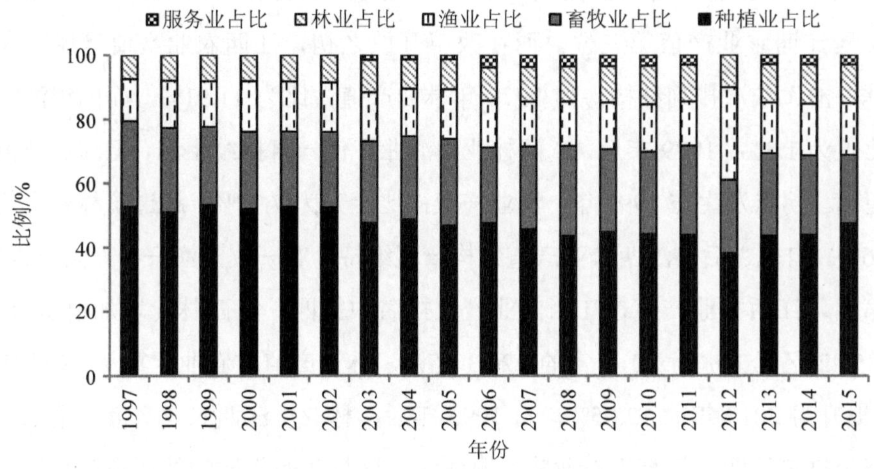

图 2　1997—2015 年江西省种植业、畜牧业、渔业、林业、服务业产值所占比重①

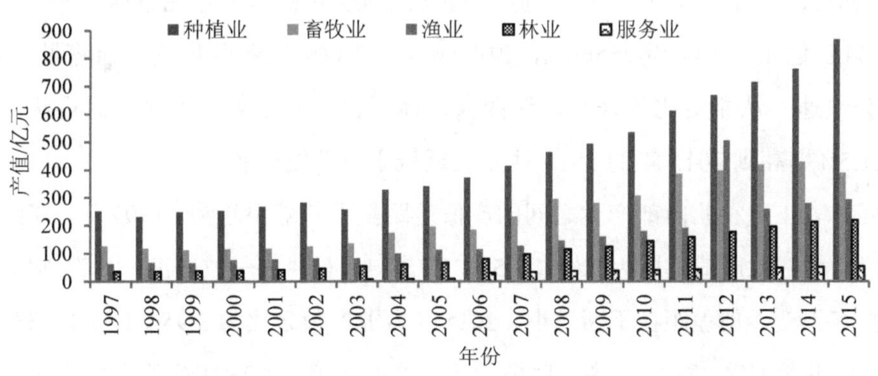

图 3　1997—2015 年江西种植业、畜牧业、渔业、林业、服务业产值

第三，江西渔业产值长期稳居江西农业产值第三位。从绝对值看，江西渔业产值从 1997 年的 62.01 亿元迅速上涨为 2015 年的 293.9 亿元，上涨幅度为 374%。

① 数据说明：2003 年的统计年鉴之前没有统计农林牧渔服务业，只统计种植业、畜牧业、林业、渔业四个产业；另外，2012 年缺失农林牧渔服务业数据。

从相对值看，江西渔业占农业比重从1997年的13.05%提升为2015年的16.08%，长期位居江西农业产值第三位。而在改革开放之初，江西农业产值呈现“农—牧—林—渔”依次排列结构，如1978年林业产值占比为11.91%，而同年渔业产值占比仅为1.3%。1979年后，江西林业和渔业产值一直持续上涨，但渔业产值增长率更高。拐点发生在1995年，渔业产值占比上升为7.77%，超过了林业产值占比6.56%。自此之后，江西农业产值结构一直维持“农—牧—渔—林”大小排序。

第四，江西林业产值在江西农业产值排名中第四。江西林业增加值从1997年的35.42亿元上涨为2015年的220.3亿元，林业产值占农业比重从1997年的7.45%提升为2015年的12.05%，自1995年后，林业从江西农业产值居第三的排位下降为排名第四，仅高于农业牧渔服务业，这与江西优质的林业资源基础极不对称。

第五，江西“农—林—牧—渔—服务业”在农业产值中排名最末，但自身增加幅度最大。江西农、林、牧、渔服务业从2003年的8.3亿元迅速上升为2015年的54.8亿元，上涨幅度560%，说明江西农林牧渔服务业虽然基础薄弱，发展却十分快速。从相对比值来看，江西农、林、牧、渔服务业占农业比重从2003年的1.5%提高到2015年的3%，比重还远低于农业发达省份。

第六，江西农业内部产业之间的产值差距呈不断缩小趋势。1997年，江西农、牧、渔、林四业产值之比为7.09∶3.58∶1.75∶1，呈“农—牧—渔—林”排列，之后虽排名不变，但差距在不断缩小。2015年四业产值之比为3.95∶1.77∶1.33∶1。另外，如果考虑农、牧、渔、林、服务业5个产业比值，2003年产值之比为35.33∶18.69∶10.71∶6.60∶1，之后逐步缩小为15.86∶7.11∶5.36∶4.02∶1，同样呈现出农业内部产业差距逐渐减少的态势。

进一步考察2015年江西农业产业结构，该年江西农林牧渔服务增加值为1 827.8亿元，其中，种植业869.1亿元，畜牧业389.7亿元，林业220.3亿元，渔业293.9亿元，服务业54.8亿元。其中种植业、畜牧业、渔业、林业、服务业产值占农业比重分别为48%、21%、16%、12%、3%（图4）。江西农业目前呈现出

“农—牧—渔—林—服务业”依次排序的产业结构，其中种植业在当前江西农业中仍然占据主要地位，几乎撑起了江西农业产值的半壁江山。

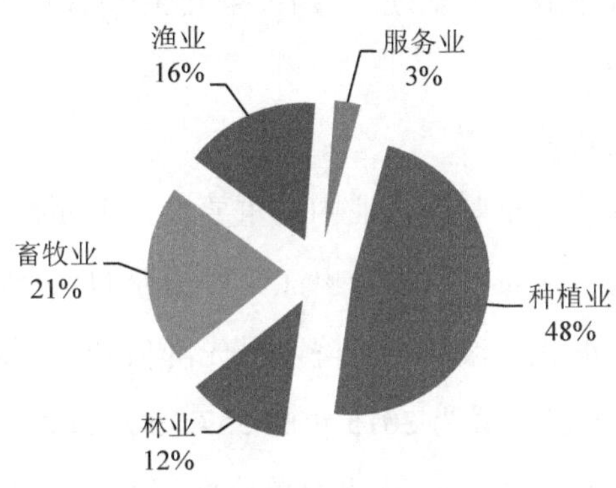

图 4　2015 年江西省农业内部产业结构比重

总的来看，江西农业产业结构在 20 年间不断优化。江西种植业在农业中所占比重逐步下降，畜牧业和渔业产值所占比重稳定上升；在种植业内部，经济作物产值所占种植业比重稳定增加；在畜牧业内部，生猪养殖所占比重正在下降，而草地畜牧业等所占比重稳步增加。

三、江西农业内部产业结构演进分析：1996—2015 年

1．种植业产业演进分析

江西是农业大省，更是种植业大省，2015 年种植业产值将近占到江西农业产值的一半。从改革开放到 20 世纪末，我国主要农作物呈长期短缺态势，江西种植业以粮食为重心的产业结构，对保障国家粮食安全起到了突出贡献。我国农业供需形势在 20 世纪末出现拐点，农产品生产转变为“总量基本平衡、丰年有余”，粮食也实现基本自给。随着国家农业基本面的重大变化，江西种植业生产结构也出现了一系列调整，目前形成了“三区一片水稻生产区”（赣抚平原、吉泰盆地、

鄱阳湖平原、赣西高产片）、“三大油料生产优势区域”（赣中北油菜、赣中南花生和赣中芝麻）、“一环两带蔬菜生产基地”（环南昌、济广高速沿线带、大广高速沿线带）、“南橘北梨中柚果业生产基地”“四大茶叶生产基地”（赣东北、赣西北、赣南、赣中）。

（1）播种面积的变化特征

因为粮食在种植业，乃至整个农业中的重要性，下面把种植业分为粮食作物与非粮食作物进行分析。从表 1 可以看出江西种植业的三个发展特征：

江西种植业总播种面积在波动中下降，呈先降后升、再降再升的发展趋势。从 1996 年的 601.53 万 hm^2 下降为 2015 年的 557.91 万 hm^2，下降幅度为 7.25%，而同期种植业产值却上涨了 284%，这里有单位面积产量上涨的原因，也有农业机械化比重增加、劳动生产率提高、品牌化程度上升的因素。把时期进一步细分来看，江西农作物总播种面积在 1998—2003 年经历了较大幅度的下降；在 2004 年由于国家取消农业税和实施多项农业补贴政策，江西农户生产积极性得到很大提高，农作物播种面积出现了涨幅为 3.71%的增加，并连续 3 年出现较快增加；由于 2007 年的严重自然灾害，该年江西农作物播种面积出现下降的拐点；2008—2015 年，受国家对农业多项补贴利好和“工业反哺农业、城市支持农村”政策的进一步贯彻推动下，江西农作物播种面积连续增加。通过比较发现，江西种植业播种面积变动趋势基本与全国趋势一致。

江西粮食作物播种面积占农作物总播种面积的大部分，粮食作物播种面积也经历了先降后升再降再升的过程。1998—2003 年，粮食作物播种面积在波动中下跌为 305.11 万 hm^2，在 2004 年出现增幅为 9.80%的回升，并保持增加势头至 2006 年，2007 年呈现 0.62%的下降，在之后的 2008—2015 年一直维持逐年增加的单向变动。

江西非粮食作物播种面积也大致经历了先降再升、再降再升的波动过程。1998—1999 年，非粮食作物面积出现了 2.51%和 2.79%的下降幅度，在 2000 年以 0.26%的微弱增加后，马上又在 2001—2007 年出现大幅度下降，特别是在 2003

年下降了一成，在 2008 年非粮食作物播种面积终于扭转下降趋势，出现多年持续增加。

表 1　1996—2015 年江西农作物、粮食作物、非粮作物播种面积①

年份	农作物		粮食作物			非粮作物		
	总播面积/万 hm^2	变动/万 hm^2	播面积/万 hm^2	变动/万 hm^2	占总播面积比重/%	播面积/万 hm^2	变动/万 hm^2	占总播面积比重/%
1996	601.53	—	357.06	—	0.59	244.47	—	0.41
1997	603.76	0.37	358.65	0.45	0.59	245.11	0.26	0.41
1998	580.40	−3.87	341.45	−4.80	0.59	238.95	−2.51	0.41
1999	587.10	1.15	354.82	3.92	0.60	232.28	−2.79	0.40
2000	565.08	−3.75	332.20	−6.38	0.59	232.88	0.26	0.41
2001	553.47	−2.05	326.52	−1.71	0.59	226.95	−2.54	0.41
2002	535.51	−3.25	318.79	−2.37	0.60	216.72	−4.51	0.40
2003	499.74	−6.68	305.11	−4.29	0.61	194.62	−10.19	0.39
2004	518.28	3.71	335.01	9.80	0.65	183.27	−5.83	0.35
2005	525.14	1.32	344.15	2.73	0.66	181.00	−1.24	0.34
2006	528.09	0.56	354.71	3.07	0.67	173.38	−4.21	0.33
2007	524.51	−0.68	352.53	−0.62	0.67	171.99	−0.80	0.33
2008	533.09	1.63	357.81	1.50	0.67	175.28	1.91	0.33
2009	537.64	0.85	360.46	0.74	0.67	177.18	1.08	0.33
2010	545.77	1.51	363.91	0.96	0.67	181.86	2.64	0.33
2011	548.68	0.53	365.01	0.30	0.67	183.67	1.00	0.33
2012	552.49	0.69	367.59	0.71	0.67	184.90	0.67	0.33
2013	555.26	0.50	369.09	0.41	0.66	186.172	0.69	0.34
2014	557.06	0.32	369.73	0.18	0.66	187.321	0.62	0.34
2015	557.91	0.15	370.56	0.22	0.66	187.349	0.015	0.34

为了便于比较研究，本文把 1996 年的各类作物播种面积定为基期，计算出指数化后的播种面积（图 5）。农作物播种面积从 1998 年开始持续下跌到 2003 年，2004 年开始回升，除了在 2007 年播种面积下滑外，其余年份都是单向递增。江

① 注：粮食的定义是按照中国对粮食的统计口径进行界定。粮食包括：谷物（稻类、麦类、粗粮类）、豆类、薯类；非粮作物主要指油料作物、蔬菜、水果、棉花、甘蔗、药材、烤烟、青饲料等。

西粮食作物播种面积1998—2003年在波动中下跌，在2004年扭转为大幅增长后，一直持续增长到2015年。豆类、蔬菜先增加再持续下降，油料、棉花、甘蔗先下跌再波动中上升，而麻类则经历了“持续下降—止跌回升—继续下降”的过程。

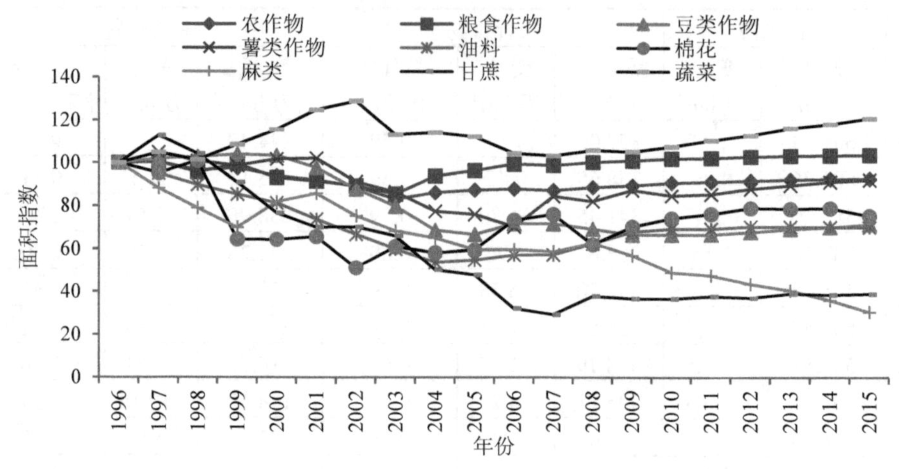

图5　江西农作物、粮食作物、非粮食作物播种面积指数

（2）作物产量的变化特征

江西省粮食产量经历了1998年短暂大幅下降，1999年粮食产量略有回升，之后单向缓慢下滑，到2003年创下20年最低产量。在2004年国家取消农业税和多种农业补贴的政策出台后，粮食产量大幅扭转为上涨，并一直把产量连增的势头保持到2015年。粮食包括稻谷、玉米、小麦、豆类、薯类等，但江西最主要的粮食作物是稻谷，稻谷平均占到历年粮食产量的94%（图6），所以江西稻谷的变动趋势和粮食一致，稻谷经历了1998年短暂大比例下跌，在1999年迅速回升后，马上又在2000年起缓慢下跌至2003年，2004年起产量连年递增。

把1997年产量作为基数，计算出1997—2015年粮食作物和各种非粮食作物产量的相对指数。粮食、稻谷、玉米、棉花、油料、烟叶产量都经历了先波动下降再在20世纪初回升增长的过程；小麦、薯类产量则先在波动中缓慢下降，再急速下降后扭转回升。花生持续上升到 2002 年后迅速下降，直到 2004 年才开始持续增加。糖料、甘蔗一直下跌至 2007 年，2008 年后产量基本平稳。麻类一直在波动中下降，下跌了 68%，是农作物中跌幅最大。蔬菜则在 1996—1998 年经历了先大涨再大跌，1999 年后产量一直在波动中缓慢上升（图 7）。

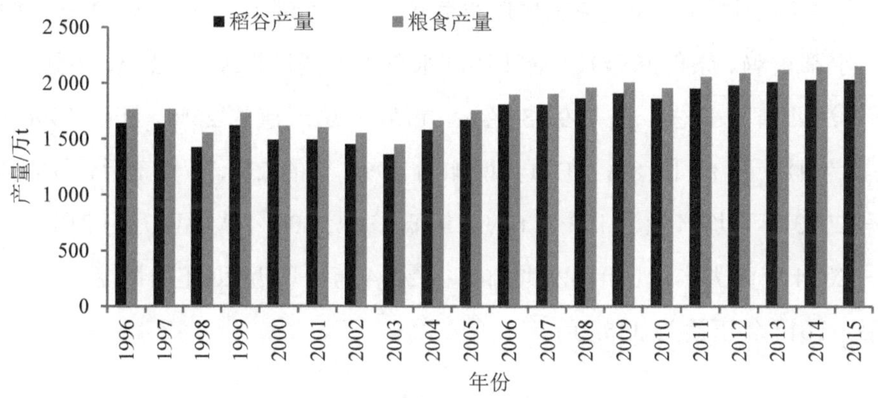

图 6　1996—2015 年江西粮食与稻谷产量

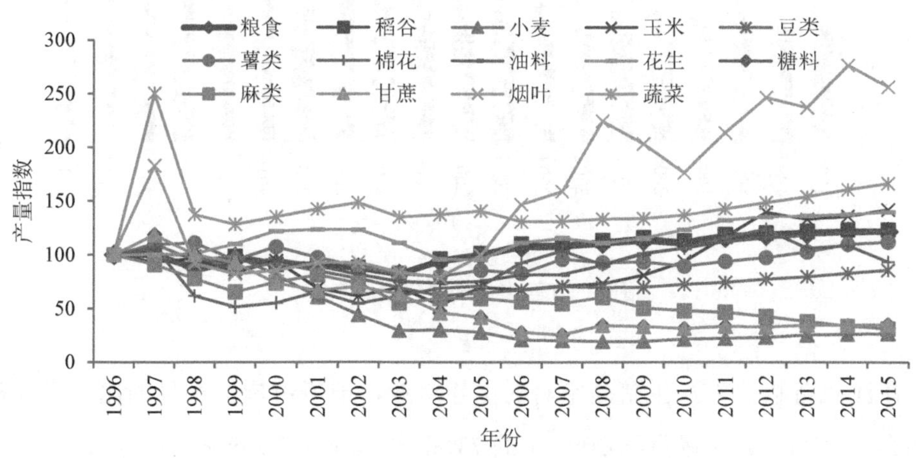

图 7　江西粮食作物与非粮食作物产量指数

总体来看，粮食作物产量的变动幅度小于非粮食作物变动，而且在 2007 年后，油料、花生、烟叶、蔬菜等非粮食作物产量的增长幅度已高于粮食作物。可见，近年来，江西种植业结构在持续改进。

2．畜牧业产业结构演进分析

畜牧业是江西农业的第二大产业，江西已经形成较为合理的区域畜牧业结构："一片两线生猪生产区"（赣中优势片和京九、浙赣沿线）、"三只鸡生产区"（泰和乌鸡、宁都黄鸡、崇仁麻鸡）、"沿江环湖水禽生产基地"（赣江沿线、环鄱阳湖）。2015 年江西畜牧业总产值 719.83 亿元，占农业总产值的 25%。江西 1996 年肉类产量为 188 万 t（图 8），在稳步增加为 1998 年的 214.71 万 t 后，又经历了 1999—2003 年平均产量为 193 万 t 的 5 年低迷期，2004 年大幅回升为 217.69 万 t，2005—2014 年肉类产量逐年稳定增加，在 2014 年出现近 20 年的最高产量 339.82 万 t 后，2015 年下滑为 336.万 t。

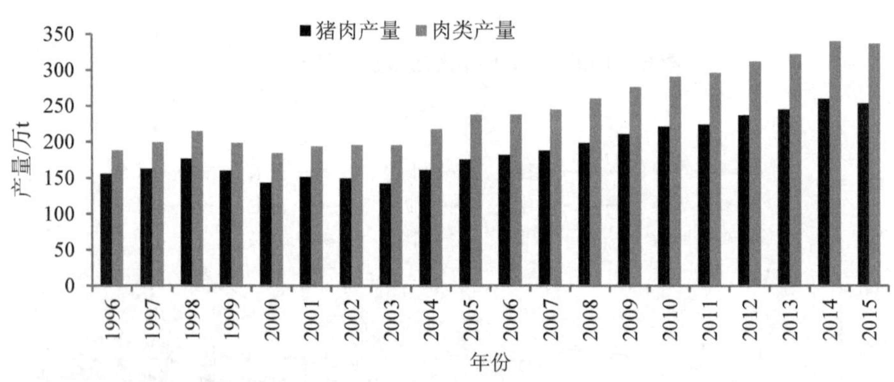

图 8　江西肉类产量与猪肉产量

在江西畜牧业中，生猪是绝对的主导产业，但所占肉类产量的比重已经从 1996 年的 83%一路下跌到了 2003 年的 73%，也创下了 20 年来的最低点（图 9）。在 2004—2006 年迅速反弹，截至 2006 年生猪产量占比为 77%，2007—2015 年保持稳定态势后，在 2015 年出现下滑。

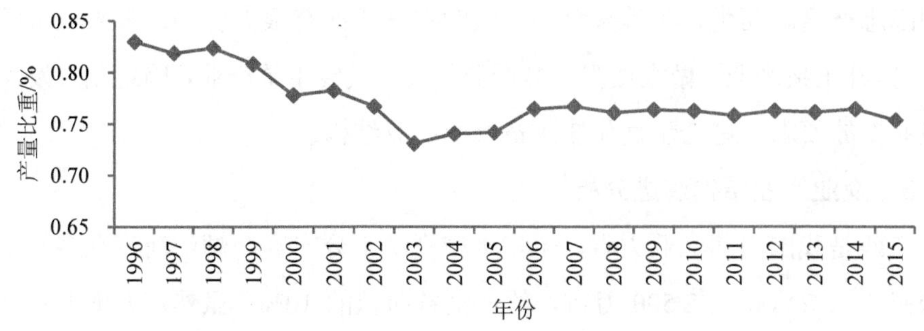

图 9 1996—2015 年猪肉占肉类产量比重

下面对江西畜牧业各种畜产品产量进行指数化分析，并把 1996 年产量定为基数。从图中可以看出，江西肉类、猪肉、牛肉、羊肉、牛奶、禽蛋、蜂蜜等所有畜产品都经历了“波动中上升—短期下滑—反弹上升”的过程。其中，牛奶产量增加幅度是最大的，2015 年产量是 1996 年产量的 3.70 倍（图 10）。其次，牛肉的增幅位居第二，2015 年牛肉产量是 1996 年的 2.61 倍。另外，蜂蜜、羊肉的增幅也较大。

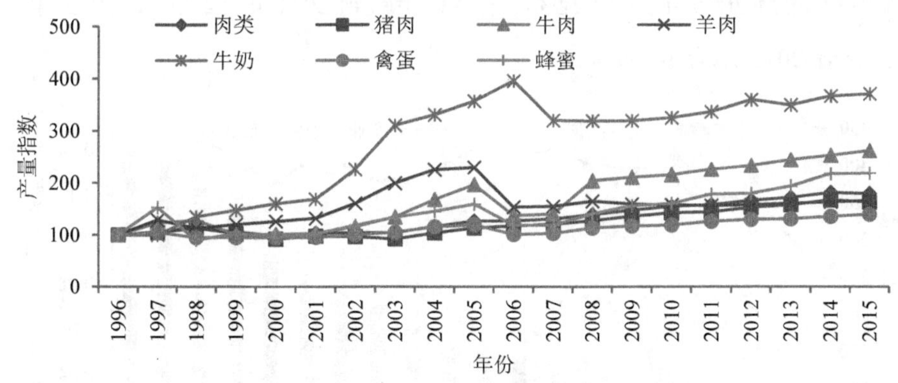

图 10 1996—2015 年江西畜牧业产量指数

总体来看，江西畜产品产量结构演进过程的非猪倾向，充分表明江西原来的“粮猪型”农业产业格局已经得到了一定程度的改进优化。但江西生猪在畜产品中的占比仍然很高，而生猪养殖会对资源环境带来相当大的污染威胁，同时人畜争食的隐患严重。而牛、羊等草食类畜牧业在这方面有很大优势，未来应按照江西“巩固提升生猪产业，做大做强家禽产业，大力发展牛羊产业，因地制宜发展特色养殖业”的要求，进一步优化江西畜牧业产业结构。

3．渔业产业结构演进分析

江西是我国内陆渔业大省，全省水域资源十分丰富，湖泊河流众多、水库滩涂繁密，水域总面积 2 500 万亩，约占全省面积的 10%。虽然江西渔业在江西农业总产值中的比重并不高，但增长速度在农林牧渔业中是最快的。2015 年江西渔业增加值 293.9 亿元，占“农林牧渔”业增加值的比重为 16%，是农业中的第三大产业。近年来，江西正在大力实施“生态鄱阳湖，绿色农产品”品牌战略，目前已经形成了“环鄱阳湖渔业生产基地”（环鄱阳湖蟹虾板块、三大珍珠产业板块、四大鮰鱼板块、四大鳗鱼产业板块、四大龟鳖类板块）。

江西渔业总产值从 1996 年的 69.66 亿元稳步增加为 2015 年的 419.99 亿元，增长率为 502%，这说明江西渔业有着很好的发展趋势。江西渔业占农业产值比重，在波动中上涨为 2005 年的 14.22%，之后逐步跌到 2011 年 12.33%，2012 年大幅反弹，直到 2015 年为 14.69%。

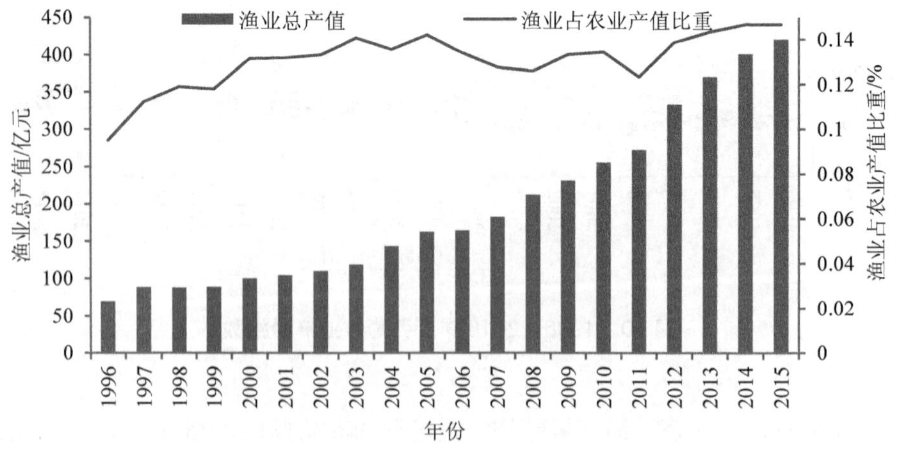

图 11　1996—2015 年江西渔业总产值与渔业占农业比重

1996年，江西渔业水产品总产量为100.1万t，其中捕捞产量202 863 t，占总产量比重为20%，养殖产量798 161 t，占总产量比例为80%（图12）。之后捕捞产量除了在1997年、1998年和2010年呈现增加，其他年份基本都稳定在230 000多t。图10的折线表明捕捞产量占比除在1997年、1998年和2010年出现增长外，其余年份都呈下降趋势。

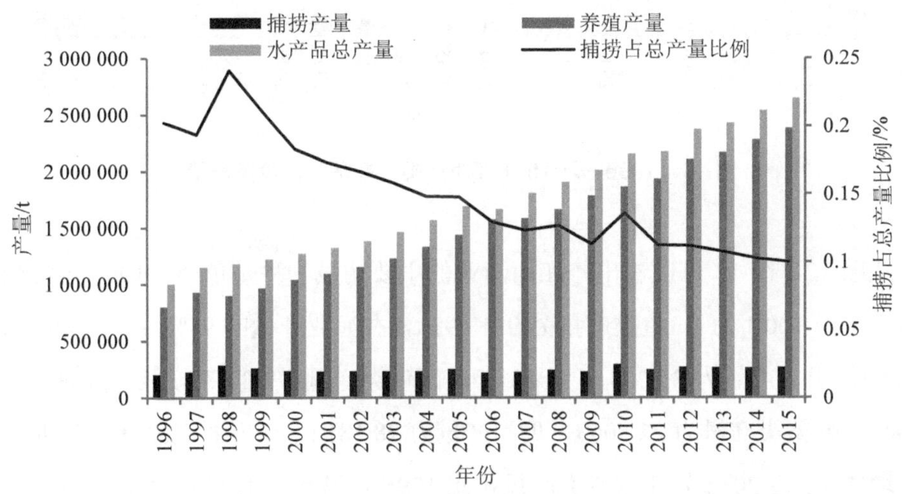

图12　江西渔业捕捞产量、养殖产量、水产品总产量、捕捞占总产量比例

养殖产量是构成水产品总产量的主要部分。1996—2015年，江西养殖产量呈直线上升趋势，从1996年的798 161 t单向递增为2 378 446 t，增加幅度为198%。2015年江西捕捞产量为264 044 t，占水产品总产量比重为10%；江西养殖产量为2 378 446 t，占比为90%。相比1996年，可见江西养殖型水产品不仅总量上增长很快，而且在相对水产品产量占比上也有重要提升。而捕捞型渔业过于倚重水域资源，容易产生“竭泽而渔”式的过度捕捞，也会对湖泊、河流、水库等水域带来严重污染破坏。这可以反映出江西渔业结构在方式上得到了很大程度的优化。

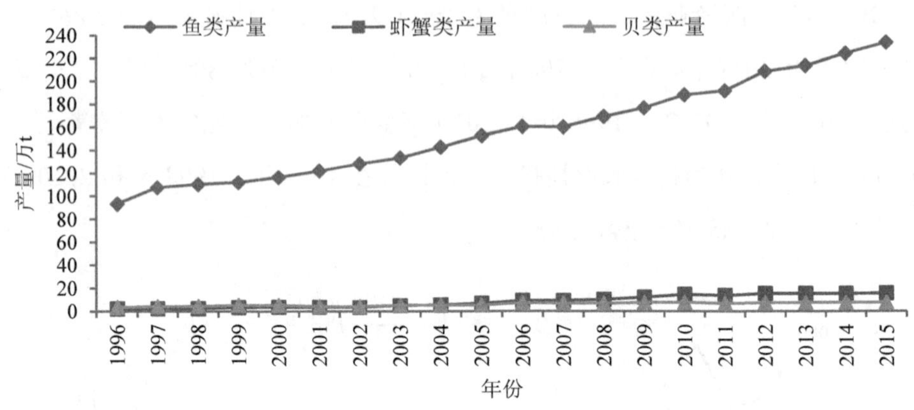

图 13　1996—2015 年江西鱼类、虾蟹类、贝类产量

从图 12、图 13 可以看出，江西渔业的主要构成物种是鱼类。1996 年江西水产品产量为 100.1 万 t，鱼类产量为 931 693 t，占渔业产量的 93%，虾蟹类产量为 22 506 t，贝类产量为 35 283 t。2015 年江西鱼类产量为 233.71 万 t，占渔业产量的 88%；虾蟹类产量为 22 506 t，贝类产量为 78 181 t。一方面，20 年来江西鱼类产量增加迅速，2015 年江西鱼类产量相比 1996 年增长了 151%，为丰富群众食品结构做出了突出贡献；另一方面，除在 2006 年大幅增长至 96%外，鱼类产量占水产品总产量比重从 1996 年的 93%一路下跌至 2015 年的 88%，而更高附加值的蟹类、贝类占水产品比重则有所上升。

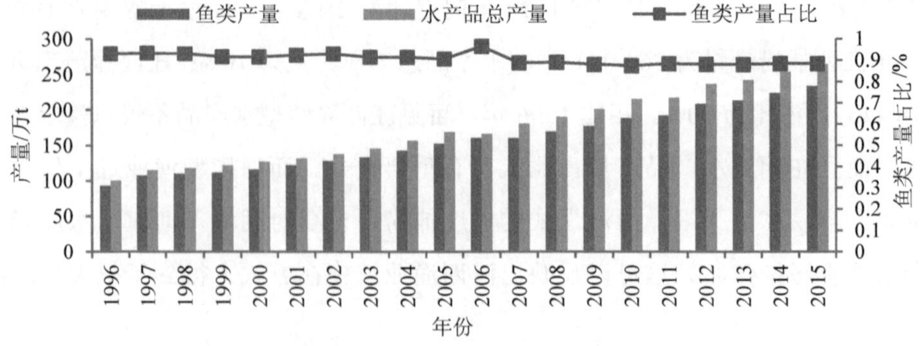

图 14　1996—2015 年江西鱼类产量和水产品总量

4．林业产业结构演进分析

2015 年江西林业总产值为 293.69 亿元，占农林牧渔总产值的 10%，所占比重是最低的。江西省森林覆盖率高达 63.1%，在全国排名前列，但森林质量欠佳，森林蓄积量只有 4.45 亿 m^3，每亩平均蓄积量只有 3.45 m^3，相当于全国平均蓄积量的 57%。习近平总书记指出，“绿色生态是江西最大财富、最大优势、最大品牌”，江西山多地少，林业经济发展潜力极大，江西被列为全国首批林下经济试点省，而且目前江西南康已经成为国内四大家具产业集群之一。

由图 15 可知，木材产量从 1996 年的 185 万 m^2，在波动中上涨为 2008 年的 610 万 m^2，该年木材产量也创下 20 年来的峰值水平，2009 年木材产量大幅下跌至 610 亿 m^2，之后连续下降至 2015 年的 232 亿 m^2。除棕片小幅下降外，松脂、油桐籽、油茶籽、乌桕籽、五倍籽、竹笋片非木材类林产品的产量都呈波动中总体上涨态势。可见，江西林业产业结构发生了一定的优化，过去单纯依靠伐木产生经济价值的生产方式，“捧着金饭碗要饭”的资源诅咒得到了一定程度的缓解，林下经济在江西迅速发展。

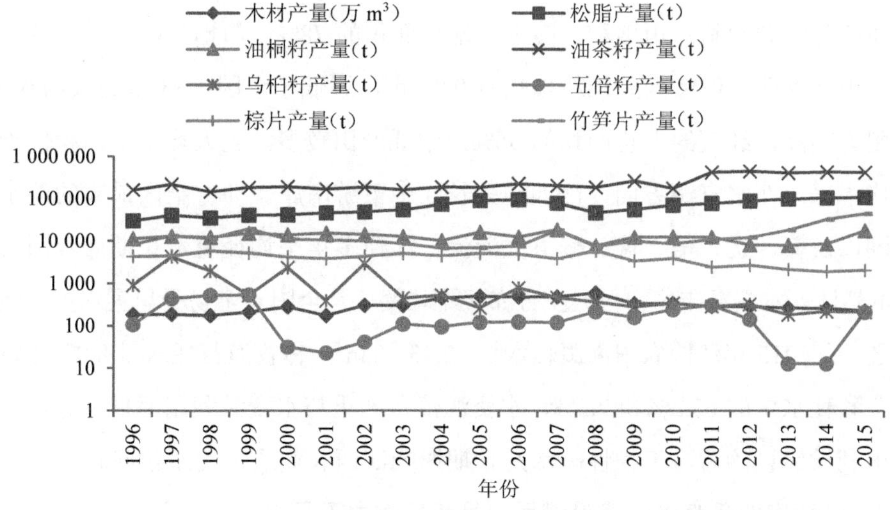

图 15　1996—2015 年江西主要林产品产量

四、江西省农业产业结构问题表征与原因探析

经过多年调整，江西省农业产业结构逐渐优化升级，农业新产业、新业态、新模式正在形成。当前农业面临着新形势和新挑战，江西农业产业结构转型升级过程中还存在着不容忽视的问题。这些困难中，有些是江西特有的，有些则是全国普遍存在的，这些江西特殊因素和共有障碍结合在一起，集中表现在以下几个方面。

1．江西农业产业布局与区域资源禀赋匹配度不高

与工业不同，农业生产高度依赖自然资源，农业产业结构的形成对区域气候、土壤、水资源等自然环境有很大的依存性。在一定时期内，农业产业结构受到自然资源条件的高度制约，农业产业结构具有严格的地域性，正所谓“橘生淮南为橘，生于淮北为枳”。在农业气候资源方面，地处亚热带的江西具有雨量充沛、热量丰富、日照较充足等优势，同时受到季风气候影响，容易受到酷热冰冻、水灾干旱等灾害侵害。在土地资源方面，江西东南西三面环山、中部丘陵起伏、地表向北面的鄱阳湖倾斜，山地和丘陵占土地总面积的78%，山地丘陵气候多变，适宜发展山地农业。但江西人均耕地只有0.95亩，远低于全国1.38亩的人均水平。土地肥力不高，红壤约占总面积的56%，中低产田较多，且人均耕地面积低于全国平均水平。在水资源方面，江西地处长江中下游南岸，拥有全国最大的淡水湖鄱阳湖以及赣、抚、信、饶、修五大河流，江河多年平均径流量长期居全国第7位。虽然江西水资源丰富，但时空分布极不均衡，是全国6个易受旱灾水灾影响的省份之一。2015年江西农田灌溉耗水量72.43亿m^3，林牧渔畜耗水量8.07亿m^3，各占全省耗水量的65.5%和7.3%，水资源浪费严重与水资源利用率低并存，加之农田水利设建设落后，工程性缺水是长期影响江西农业质量的瓶颈问题。

2．江西农业品牌体系建设滞后，品牌影响力不足

农产品品牌化是传统农业向现代农业转型升级的重要特征，在一定意义上，

农业产业升级优化，就是把原来无生产标准、无信息追溯、无商标包装的农业生产，转化成标准化生产、信息化追溯、品牌化销售的农业经营模式。购买者在消费绝大多数农产品之前无法确认其商品质量，农业生产者（或出售者）与销售者之间信息不对称程度很高，农产品大多是经验品（Experience goods）或信任品（Credence goods），尤其绿色生态农产品基本都是信任品。

江西目前拥有南丰蜜橘、赣南脐橙、庐山云雾茶、广丰马家柚、遂川狗牯脑、瑞昌山药、高安大米、广昌白莲、泰和乌鸡、军山湖大闸蟹、宁都黄鸡、奉新猕猴桃等农产品区域公用品牌。但与沿海发达省份相比，江西农产品品牌建设呈现出“散、小、弱”等问题，虽然农产品产量不断增加，但其品种、质量却不适应消费者日益增加的高端需求，“多的不好，好的不多”。而且绝大多数农产品直接以初级产品形式出售，没有注册品牌商标；多数农业品牌影响力小、竞争力不强，品牌保护机制不健全，假冒虚假产品充斥市场，以及生产者低价恶性竞争严重削弱农业品牌公信力与声誉度。农业品牌大多为区域公用品牌，而农业生产者以农户为基本单位，经营规模小且分散，农产品品质在生产者与消费者间高度信息不对称；加之对区域公用品牌的授权使用、监管管理与退出机制还没有普遍建立起来，品牌“泛用”和未授权者“滥用”现象严重，农业区域公用品牌“公地悲剧”频出。此外，农户长期分散经营、企业资金投入不足、政府扶持政策有限、品牌传播力不够、科技含量不高、品牌同质化现象严重等问题也十分突出。

在农产品品牌中，“三品一标”（即无公害农产品、绿色食品、有机食品、农产品地理标志）是政府主导的安全优质农业品牌，“三品一标”通过品牌带动，有效提升了农产品品质规格和市场竞争力，在加快农业产业结构调整升级、农业增效、农民增收等方面具有重要的推动作用。截至 2016 年 12 月 5 日，江西共有“三品一标”农产品 3 657 个，其中无公害农产品 1 969 个，绿色食品 590 个，有机食品 1 024 个，农产品地理标志 74 个。但江西“三品一标”产品存在品牌数量和知名度不足、品种门类创新程度不够、精深加工水平不高、农产品科技含量有待提高、“三品一标”颁证后监管工作落实不到位等诸多问题。如绿色生态是江西最大的财富和优势，但江西“三品一标”商品数量却仅居全国第 6 位；江西“三品一标”主要仍是粮食、畜产品、茶叶、白酒、土特色等老面孔。

3．农业产业集群竞争实力不强，社会化服务体系不完善

经过多年推进，江西农业产业化发展已经取得一定成效。2013 年，江西省出台《推进现代农业示范园区建设的意见》；2014 年，江西下发《江西省农业产业集群发展规划》，农业产业集群是农业生产力发展到一定阶段的产物，是以农业优势特色产业为基础，以农业龙头企业为核心，形成上下游紧密协作、带动辐射能力较强的农业生产经营群体。江西目前拥有 75 个农业产业集群，其中种植业有 54 个（粮食 12 个、种业 2 个、经作 20 个），林业有 9 个，畜牧业有 21 个，渔业有 11 个。2014 年，全省 75 个农业产业集群发展农民合作社 6 800 多个、家庭农场 1 700 多个、种养大户 1.22 万户，分别占全省 22.67%、18.45%、31.80%，集群总销售收入为 1 540 亿元。

江西农业产业集群整体仍处于初级发展阶段，整体规模不大、竞争实力不强、带动溢出效果有限。首先，有强大辐射带动能力的农业龙头企业较少，龙头企业与合作社、家庭农场等新型农业经营主体的利益联结机制不够紧密，因此农业产业协作配套能力较弱。全省仅有赣州市饲料产业集群和南康区家具产业集群年销售收入超过 100 亿元。其次，科技含量有限、农业精深加工比例不高。带动农业产业集群成长的农业龙头企业大多发展层次较低、技术自主研发实力不强，而且农产品综合加工转化率远远低于农业发达省份，农产品初级加工比重较高、精深加工较少。最后，农业产业集群配套服务体系不完善、融资规模有限。在土地细碎化经营的大背景下，土地规模化流转存在“瓶颈”，针对农业产业集群的用地优惠政策尚未彻底落实，特别是种植业产业集群和畜牧业产业集群的种养、加工、物流、仓储、展销环节“拿地难、用地难”问题突出。受农业自然风险大、投资回报期长等因素影响，农业产业集群融资也较为困难，特别是集群内部普通农户、种养大户、家庭农场等难以获得银行信贷支持。同时，农业产业集群发展所需的信息咨询、品牌包装、园区规划、保险保障、法律制度等社会化服务水平与政府政策支持程度还有待进一步提升。

4. 农民缺乏务农意愿和技能，且组织化程度较低

地处中部地区的江西，近年来承接了大量东部沿海地区转移产业，在工业化、城镇化加快推进时，农村劳动力转移也呈明显加速态势。江西农村青壮年劳动力大量进入城镇谋生，农业劳动大量依赖老弱妇孺等“386199 部队”。农业劳动力大量离农的根本原因还是务农不赚钱，而农业劳动力素质下降又严重影响农业增收，可能陷入“强者进城务工、弱者留乡务农”的农村人力资源恶性循环，制约农业产业结构的优化升级。

不仅“谁来种地”问题严峻，“怎么种地”也是影响农业提质增效的重大课题。农业技能代际传承一般依靠“父传子、干中学” 的传统方式，但由于“80 后”“90 后”农民普遍缺乏务农意愿和技能，农业代际传承成为。同时涉农职业教育又面临着报考生源少、教学条件落后、教师留不住、政策保障机制不健全的问题，对提升农户技能和培养新型职业农民带来很大的负面影响。

相比沿海发达省份，江西农民组织化程度较低，主要原因有：首先，江西山地丘陵比例占到全省面积的七成，加上江河湖泊众多，土地细碎化现象严重，农户经营规模小而分散。其次，龙头企业规模小、与农户的利益联结机制不够紧密，外溢辐射效应不明显。最后，农民合作社虽然数量多，但“空壳社”“挂牌社”“僵尸社”现象较为普遍，合作社与社员的关系松散，“有利则合，无利则散”，甚至很多合作社并没有真正组织社员开展农业生产活动。

五、江西农业产业结构的优化路径研究

经过多年的探索努力，江西农业发展已经进入新的历史阶段，农业的主要矛盾从农产品总量不足转变为结构性矛盾，而矛盾的主要方面在于供给侧，突出表现为农业产业结构亟待调整。江西应牢牢抓住深入推进农业供给侧结构性改革的契机，加快培育农业农村发展新动能、新业态，加快农业发展方式转变，调整农

业产业结构，尽快从单注重农产品数量转到数量质量效益并重的集约发展上来，从注重依赖资源投入转到依靠科技进步和提高农业劳动力素质上来，实现农业绿色崛起，推动江西现代农业强省建设新局面。

1．优化江西产品产业结构，集中治理农业环境突出问题

（1）依托主体功能区规划，优化农业区域布局

以主体功能区规划和优势农产品布局规划为依托，基于各县区农业资源禀赋、市场环境、区位条件等基本情况，培育发展各地优势特色产业。在确保履行粮食主产区责任的基础上，江西应促进农业发展由过度依赖资源消耗、主要追求数量增产，向绿色生态可持续、更加注重满足农业发展品质转变。大力发展优质生态、高附加值的经济作物、畜牧业，打造水稻、油料、蔬菜、茶叶、蜂产业、果业、生猪、家禽、渔业、棉麻（丝绸）、中药材等江西优势特色产业集聚区。巩固赣抚平原、鄱阳湖平原、吉泰盆地和赣西高产片等“三区一片”在粮食生产优势的同时，发挥南昌、樟树、新干、东乡等“一片两线”肉猪生产优势区域，提升江西“南橘北梨中柚”的水果生产格局，特别是做大做强赣南脐橙、南丰蜜橘、遂川金柑等全国知名品牌，推动提高江西“三只鸡”（宁都黄鸡、泰和乌鸡、崇仁麻鸡）的生产效益。同时积极推动产业融合发展，打造粮经饲统筹、种养加一体、农牧渔结合、资源循环利用的生态农业结构，为把江西建设成为“绿富美”做出农业方面更大贡献。

（2）治理农业内外源污染，增强农业可持续发展能力

农业是高度依赖自然资源，同时直接影响生态环境的产业，但大量工业污染和城市垃圾等外源性污染与畜禽粪便、农药化肥过量施用、秸秆处置不当等内源性污染对江西原本较好农业资源环境造成了严重威胁。江西应加快转变农业发展方式，加快推进工业“三废”与城市生活垃圾无害化处置，重点加强农村秸秆、地膜等废物资源化循环利用。加大农田水利设施建设，提高旱涝保收高产农田比重，大力推进农业节水，改良传统漫灌方式，推广微灌、滴灌、喷灌。根据环境废物承载力与粪污处理能力，合理规划规模化畜牧养殖布点，促进规模集中沼气

工程建设，提高农村沼气布局率和使用率。以发展产出高效、产品安全、资源节约、环境友好型农业为目标，力争江西农业在全国率先实现绿色崛起。

2．发挥江西生态优势，打造江西绿色农产品品牌

（1）推进区域农产品公用品牌建设，打造江西特色品牌

农业生产具有很强的地域性，要深度挖掘各地农业资源与特色工艺，建设和发展区域农产品公用品牌，支持地方以优势企业和行业协会为依托打造区域特色品牌，引入现代要素改造提升传统名优品牌。江西是全国重要的水稻种植和生猪养殖大省，但很多粮食和生猪生产大县却是财政穷县，特别是要通过品牌打造，推动江西的粮食与生猪生产优势转化为经济优势。重点培育一批涵盖江西水稻、柑橘、生猪、家禽、水产品、茶叶、中药材等优势产业的自主品牌。

大力发展江西绿色生态农业，重点培育“生态鄱阳湖、绿色农产品”品牌。支持各地依托龙头企业、产业集群或行业协会，形成合力，加快农业生产标准化、组织化、品牌化建设，打造更多市场竞争优势突出、具有独特地域性的区域公用品牌。加大对创建区域公用品牌的政府支持力度，在品牌规划、信息咨询、品牌整合、营销广告、展会宣传方面给予扶持奖励政策。以“政府牵头，企业主导，市场参与”为原则，探索建立江西区域公用品牌的认证、授权、监管、管理、退出机制。

（2）发挥江西生态优势，提升“三品一标”影响力

江西应围绕生态文明先行示范区建设和全国唯一的“绿色有机农产品示范基地创建试点省”契机，抓住江西绿色生态的最大优势，大力推进生态农业发展，以现代农业示范园区、国家农产品质量安全县创评等作为重要抓手，促进“三品一标”农产品数量和产品质量不断提升，争当中国农业绿色发展的“领跑者”的战略部署。提高“三品一标”认证机构科技水平、降低企业申请认证成本与时间，加强对认证后产品的生产监管。借助国内外大型会展与电商平台进行展销的同时，重点创建江西自有农业电商平台，进一步提升江西“三品一标”品牌影响力。

3. 培育农业产业集群，促进江西农业产业结构升级

纵观全球农业发达国家农业现代化的成功关键，普遍都是用工业方式发展农业，而农业产业集群正是这种思路的主要体现，也是加快农业产业结构调整升级的重要抓手。江西应促进农业全产业链发展，提高农产品产业链整体竞争力和打造优势农业产业带，促进农产品生产、加工与营销一体化发展，培育一批多层次、复合型的农业产业集群。因地制宜发展各地区农业的主导产业，从而进一步推动优势资源向优势农业产业集聚，做大做强农业产业集群，从而优化产业布局、调整农业产业结构。

（1）培育农业龙头企业，对接新型农业经营主体

重点培育农业龙头企业，是加快发展农业产业集群的重要途径。坚持引进与培育相结合，吸引具有强大带动能力的龙头企业入驻园区，推动新型农业经营主体向园区集聚、优质农业生产资源向园区集中。鼓励农业产业链整合，推动农产品产地初加工和精深加工发展，促进农业第一、第二、第三产业融合发展，提高农业全产业链效益。同时，进一步引导集群内龙头企业与合作社、种养大户、家庭农场等新型农业经营主体对接，推动“龙头企业+合作社+农户”“龙头企业+合作社+基地+农户”等模式，促进农业园区、企业、合作社、农户间更紧密合作、共生共赢型利益分配机制的形成与完善。

（2）加强农业集群科技研发，强化科技创新驱动机制

围绕农业供给侧结构性改革的主线，加强实施创新驱动发展战略，加快农业结构调整。从政策、资金、认证等多方面支持集群内企业研发具有自主知识产权的核心技术，推动农业科技在集群内部的推广应用与集成示范，提高整个农业集群在高新科技方面的竞争实力。支持产学研结合，合作建立各类技术研发中心、院士专家工作站、资源交易平台等科研和服务机构。鼓励企业与省内外各高校、科研院所等在育苗育种、动植物疫情防治、病虫害防控、农产品质量安全、绿色生态生产、农业面源污染防治等关键技术方面，共同进行科研攻关。大力推进江西“123+N”全省智慧农业总平台建设，巩固提升江西在全国智慧农业方面的领

先优势，并充分利用互联网、物联网、大数据等现代信息技术助推江西农业集群发展，形成新产业、新业态、新模式。

（3）提升农业科技园区建设水平，优化农业产业服务体系

农业产业园区是农业产业集群发展的重要抓手，依托龙头企业带动，聚集现代生产要素，用工业化思路发展园区、用市场化办法经营园区、用现代科技武装园区，打造具有强大带动能力、高度示范效应的农业产业园区，发挥人才集聚、技术集成、产业融合、创业平台核心辐射等功能作用。支持地方将高标准农田建设、现代农业生产发展等相关项目资金，统筹用于建设农业产业园区基础设施和配套服务体系。同时大力打造“政府担保+企业资金池+银行信贷”等投融资平台，完善江西现有的“财政惠农信贷通”与“财园信贷通”融资模式。推进农业“大众创业、万众创新”，鼓励电商产业园区发展涉农电子商务，探索推动农业由“生产导向型”向“消费导向型”转变。

4．开发农村人力资源，提高农民组织化程度

（1）培育新型职业农民，提高农业劳动者素质

建立政府主导、部门协作、统筹安排、产业带动的培训机制，培育现代青年农场主、青年林场主、新型农业经营主体带头人、农业职业经理人。鼓励大中院校毕业生、大学生村干部和农技研发和推广人员投身农业创业创新。同时加大对分散农户的农技推广服务，帮助农业从业者提高务农技能以适应现代农业发展需要。探索政府购买服务等方法，发挥企业、高等院校、科研院所、公益机构等的作用，扩大农民技能培训的受益面和提高培训实效，培养一批专业人才，扶持一批乡村工匠。大力发展面向农村农业的职业教育工作。强化涉农职业院校实用型人才培养模式改革，开设具有本地农业特色的实践课程，加强政府投入长效保障机制，加大对报考涉农业职校院校和专业的学生生活扶助政策，提高涉农职业院校教职工待遇，改进以论文定职称的评定机制，鼓励教师“把论文写在大地上，把成果送进农户家”。

（2）提高农民组织化程度，优化农业产业组织方式

培育农业龙头企业、农民合作社和家庭农场等新型农业经营主体，不断增加带动溢出能力，优化农业产业结构。引导龙头企业、农民合作社与农户之间形成更紧密的利益联结机制，建立互利共生为核心的利益共同体，共享农业产业链价值增值。推动以“龙头企业+农户”“龙头企业+基地+农户”为主的企业带动型，以“农民合作社+农户”“专业协会+农户”为主的中介组织带动型和市场带动型多种经营模式发展，用产业链条带动“小农户”对接“大市场”，打通农业产前、产中、产后生产环节，推动农产品从生产到销售，从田间到餐桌的一体化生产经营。探索政府购买服务等多种方式为农业产业化提高社会化服务，推动农业产业链金融的发展。

参考文献

[1] 郭雨清. 江西农业部门结构调整对策的探讨[J]. 当代财经，1998（6）：47-50.

[2] 蔡玉峰. 以农业工业为中心重塑江西产业结构[J]. 当代财经，1990（9）：48-51.

[3] 刘雨林，葛浮桥. 按照“农业工业化”的思路调整江西农业结构[J]. 江西社会科学，1990（2）：21-24.

[4] 樊承世. 提高农业与工业的相关度是江西调整产业结构的重点[J]. 江西社会科学，1991（2）：26-28.

[5] 陈双溪，魏丽，王保生. 发挥区域资源优势，调整江西农业产业结构[J]. 江西气象科技，2002（3）：1-4.

[6] 王鹏，黄贤金，张兆干，等. 江西上饶县农业结构调整与土地利用变化分析[J]. 资源科学，2004（2）：115-112.

[7] 万振凡. 论近代江西农业经济转型的制约因素[J]. 中国社会经济史研究，2004（4）：1-13.

[8] 李剑富. 江西农业产业结构调整面临的主要问题及解决思路[J]. 农业经济，2006（12）：62-64.

[9] 黄国清，王博，李华. 江西发展农业循环经济面临的问题及对策建议[J]. 农业经济问题，2007（8）：62-65.

[10] 唐安来，黄国勤，吴登飞，等. 绿色生态农业——江西绿色崛起的必然选择[J]. 农林经济管理学报，2015（5）：538-545.

[11] 编辑部. 农业产业集群，江西现代农业的“助推器”[J]. 江西农业，2014（6）：1.

[12] 焦玉海，刘小虎. 充分发挥绿色生态优势，助力打造美丽中国“江西样板”[N]. 中国绿色时报，2016-05-16.

[13] 2015年江西省水资源公报[EB/OL]. http://www.jxsl.gov.cn/slgb/szygb/index.html，2017-11-01.

[14] 唱响江西省优质农产品品牌新闻发布会在南昌举行[EB/OL]. http：//www. jiangxi. gov. cn/xzx/xwfbh/201701/t20170124_1310 793. html，2017-01-24.

[15] 樊遂桥. 培育农业产业集群，打造现代农业升级版——专访江西省委副秘书长、农工部部长毛祖逊[J]. 当代江西，2015（11）：16-17.

[16] 张琴，郭红东. 农业产业化联合体：现代农业经营体系的创新——基于安徽宿州的调查[J]. 新疆农垦经济，2017（1）：1-8.

土地资产对鄱阳湖区农户湿地生态保护意愿的影响研究[①]

江林昱　杨　晶[②]

（江西农业大学经济管理学院，南昌　330045）

摘　要：鄱阳湖湿地是我国第一大淡水湖湿地。在生态文明的大背景下，湖区农户作为参与湿地生态保护的主体，了解其湿地生态保护的意愿成为成功实施鄱阳湖湿地生态保护，建设和谐统一的生态经济示范区的关键。本文通过对鄱阳湖生态湿地周边地区的实地调查，分析调查农户的湿地生态保护意愿，以及土地资产对湿地生态保护意愿的影响，从而为提高鄱阳湖生态保护提供相应的政策建议。调查结果显示，人均耕地面积，对于生态湿地保护的意愿影响是正向的，同时家户人均纯收入也对农户的意愿有显著影响。因此，按照耕地面积给予农户生态补偿，并适当地提高农户收入有助于增强农户保护湿地生态的意愿。

关键词：鄱阳湖湿地　生态保护　意愿　土地

---

① 基金项目：国家社科基金项目（13CJL070）资助。

② 作者简介：江林昱，硕士研究生，主要研究方向为生态经济。通信作者：杨晶，女，讲师，硕士生导师，主要研究方向为农村经济与生态经济。E-mail：soutechust@163.com。

一、引言

鄱阳湖湿地是我国第一大淡水湖湿地，位于江西省北部。根据《鄱阳湖生态经济区规划》所划分的湖体核心保护区、滨湖控制开发带和高效集约发展区，湖体核心保护区和滨湖控制开发带分布在13个县（市）：南昌县、新建县、进贤县、庐山区、共青城市、德安县、永修县、星子县、湖口县、都昌县、鄱阳县、余干县和东乡县。江西省作为湿地生态补偿先行试点省份，积极响应国家政策，在2009年年底成立了鄱阳湖生态经济区，目的是以鄱阳湖为核心，把鄱阳湖生态经济区建设成为全国生态文明与经济社会发展协调统一、人与自然和谐相处的生态经济示范区。

但是，随着经济的迅速发展和人口的增加，人口、资源、环境之间的问题越来越严重，因此湿地遭到很大程度的破坏。截至目前，鄱阳湖生态湿地也遭到了很大程度的破坏，并且带来了一系列严重的问题：第一，鄱阳湖湿地生态环境的破坏。鄱阳湖水土流失严重，湖区面积不断缩小，湖面面积从20世纪50年代的5 000多km^2缩小到现在的3 000多km^2。由于湖区面积的减少，鄱阳湖防洪能力降低，导致洪涝灾害日趋严重。由于湖面面积缩小、水质污染等问题，鄱阳湖生物多样性受到破坏。常见的水生、湿生和沼生植物正在逐渐消失或生物群落正在严重退化，鱼类品种减少和资源量不断降低。第二，环境破坏与生活经济发展的相互冲突。李志涛等（2010）研究发现鄱阳湖区经济增长与水环境保护正处于相互冲突的阶段，其主要原因在于产业结构的不合理[1]。廖富强等（2008）也认为包括经济发展方式在内的外部社会环境因素是导致鄱阳湖湿地脆弱性的主要制约因素[2]。

因此，对鄱阳湖湿地进行修复、保护和管理已经成为国家和地方政府亟须解决的重要问题。其中，湖区农户作为参与湿地生态保护的主要参与者，其对鄱阳湖湿地生态保护的意愿是湿地生态保护战略有效实施的关键，直接影响到湿地生态保护能否成功，是否具有可持续性。在此基础上，本文通过对鄱阳湖生态湿地周边地区的实地调查，分析调查农户的湿地生态保护意愿，以及土地资产对湿地生态保护意愿的影响，从而为提高鄱阳湖生态保护提供相应的政策建议，具有重要的现实意义。

二、文献综述

目前关于环境保护意愿的研究，主要集中在环境意识的界定与测量、环境意识的影响因素以及环境意识与环境友好行为之间的关系三个方面展开。其中关于环境意识的影响因素，有的学者认为影响环境意识最重要的因素是社会人口经济变量，如年龄、性别、受教育程度、收入等因素。例如，宋言奇（2010）通过对苏州农民环境意识进行调查分析，结果发现，环境知识掌握程度较差的是40岁以上的群体、女性群体和高中以下文化水平的群体。环境态度积极程度以及环境行为自觉程度较差的是 40 岁以下的群体、男性群体、高中以下文化水平的群体[3]。又如，李卫兵和陈妹（2017）分析了绝对收入和相对收入对居民环境意识的影响，结果发现如果不考虑相对收入效应，那么绝对收入与居民环境意识显著正相关；然而，一旦考虑相对收入效应，绝对收入虽然仍然显著影响居民环境意识，但影响程度明显降低，而相对收入却与居民环境意识显著正相关，并且其影响程度超过绝对收入[4]。

而从生态保护意愿来看，李惠梅等（2013）分析了三江源牧户参与草地生态保护的意愿，结果发现，绝大部分农户认为生态保护有好处，其参与生态保护行为响应的意愿主要受当地政府的保护力度及牧户对生态保护外部性的认知水平、生计水平、外界接触程度、工作机会的正影响，并受牧户的年龄、离中心城镇的距离和区域气候恶劣情况等因素的负影响[5]。张文彬和李国平（2017）则从心理因素和生态补偿政策分析了秦巴生态功能区的居民生态保护意愿和行为，结果发现，居民的行为态度、主观规范和感知行为控制等心理因素对其生态保护意愿有显著的正向影响，生态补偿政策不仅能直接有效地激励居民参与生态保护，还可以通过正向影响生态保护意愿发挥其间接的激励效应，但是生态补偿政策对生态保护意愿和行为的影响系数都较小[6]。

关于鄱阳湖区农户生态保护意愿的研究较少。康兰媛和朱红根（2015）分析了鄱阳湖农户参与移民建镇意愿及其影响因素。结果表明，年龄越大和参加过农技培训的农户，其移民建镇参与意愿越弱；以种植业或养殖业为主要收入来源的农户，其参与意愿更低，反而是收入水平相对低的农户参与意愿更高；农户对湿地功能认知越高、对村干部越信任，其参与的可能性越大。农户愿意接受生态补偿的标准越高，其参与意愿越弱；居住于自然保护区的农户，其参与意愿更强；距乡镇较远的农户参与意愿弱[7]。刘小春等（2016）则实证分析农户对禁渔政策的响应意愿及其影响因素。结果表明，农户参加技能培训情况、农户类型、家庭收入水平、家庭耕地面积、农户对湿地生态功能了解程度、接受湿地补偿政策意愿、农户对村干部的信赖程度等因素对农户响应禁渔政策具有显著正向影响，农户所在村距离乡镇政府远近、纯农业户数、是否获得过湿地补偿及重新获得满意工作的可能性等因素对农户响应禁渔政策具有显著负向影响[8]。

从现有研究结果来看，目前还有两个方面问题值得思考。一方面是关于鄱阳湖区农户的生态保护意愿的分析不多；另一方面是缺乏关于土地资产对农户生态保护意愿的研究。因此，本文通过实地调研分析鄱阳湖区农户的湿地生态保护意愿，以及土地资产对其的影响，能够为提供鄱阳湖区农户的湿地生态保护意愿，推进鄱阳湖湿地的可持续发展提供重要的理论依据。

三、数据来源及描述性分析

1. 数据来源

本文的数据主要是通过实地调研得到，是由本课题组成员于2017年对鄱阳湖生态湿地周边的村庄进行调查。调查主要是在附近村民比较集中、时间比较充裕空闲的用餐或者休息时间展开，问卷调查选取的地点主要是生态比较脆弱、农民的经济生活水平、退田还湖政策的执行情况较为典型的区县作为研究区域。本次调查共发放问卷 1 000 份，收回 942 份，问卷回收率达 94.2%。问卷的内容主要由四个部分组成：①村庄区域特征，包括村庄是否属于自然保护区、村庄土地类型、与外界交通是否方便以及村民的经济情况等；②村庄基础设施，主要是村庄的基本生活设施是否完善、村民接受外界信息渠道是否多元；③村庄人口情况，包括对村庄人口的总体统计、外出人员统计以及村民文化素质等问题；④主要是对村领导村干部的相关调查。为了做到问卷调查的数据真实、客观，本次调查采取一对一访谈方式对问卷进行认真填写。

2. 一般描述性分析

问卷中关于湿地生态补偿的意愿，针对鄱阳湖生态湿地的村民设计的问题“是否同意湿地生态保护”，要求被调查者在“不同意”“不太同意”“一般同意”“比较同意”以及“非常同意”这几个选项中做出选择。在这次调查中，其中选择“不同意”的调查者占 30.6%，选择“不太同意”的调查者占 2%，选择“一般同意”的调查者占 0.5%，选择“比较同意”的调查者占 59.9%，选择“非常同意”的调查者占 7%。由此看出，村民对于湿地生态保护具有相对较强的意愿。性别分布：被调查的样本中男性人口所占的比例比女性人口所占的比例略小，其中男性比例为 45.85%，女性比例为 54.15%（表 1）。

表 1　农户湿地生态保护意愿分析

		个案数/个	百分比/%
同意湿地生态保护	不同意	288	30.6
	不太同意	19	2.0
	一般同意	5	0.5
	比较同意	564	59.9
	非常同意	66	7.0
有效		942	100.0
总计		942	

（1）年龄分布：调查的对象主要是具有劳动能力的人口，其中 5 岁以下的占 9.9%，6～15 岁的占 16.24%，16～59 岁的占 59.75%，60 岁以上的占 14.82%。

（2）外出务工情况：被调查的样本中外出打工者所占比例较大，占 64.23%，未外出打工所占比例为 35.77%。

（3）文化程度分布：样本中大部分被调查者的文化程度都在初中及初中以上，其中文化程度小学以下的比例为 3.18%，文化程度为小学的比例为 7.32%，文化程度为初中的比例为 48.73%，文化程度在高中及以上的比例为 40.77%。可见大部分被调查者都具有一定的文化程度。

四、土地资产对湿地生态保护意愿的影响分析

1．模型建立与变量选择

影响居民对湿地生态保护的意愿的因素有很多。我们运用 Logistic 回归分析来研究一些居民特征因素对湿地生态保护意愿的影响，从而得到影响其意愿的主要因素，模型形式如下：

$$\text{Logit}(p_1)=\alpha_1+\beta_{11}x_1+\cdots+\beta_{1n}x_n$$

$$\text{Logit}(p_2)=\alpha_2+\beta_{21}x_1+\cdots+\beta_{2n}x_n$$

$$\text{Logit}(p_3)=\alpha_3+\beta_{31}x_1+\cdots+\beta_{3n}x_n$$

$$\text{Logit}(p_4)=\alpha_4+\beta_{41}x_1+\cdots+\beta_{4n}x_n$$

式中，$p_1=\pi_1/\pi_5$，$p_2=\pi_2/\pi_5$，$p_3=\pi_3/\pi_5$，$p_4=\pi_4/\pi_5$；π_1、π_2、π_3、π_4、π_5 的含义分别是“1 等于不同意，2 等于不太同意，3 等于一般同意，4 等于比较同意，5 等于非常同意”的取值概率水平。并且 $\pi_1+\pi_2+\pi_3+\pi_4+\pi_5=1$。在这里，$x$ 为居民对湿地生态保护意愿的影响因素，β 为待估系数，n 为影响因素个数。

根据以往的有关研究，我们选取了劳动力比例、人均耕地面积、人均纯收入等 12 个相关因素作为解释变量来研究居民对湿地生态保护的意愿，即居民对湿地生态保护的意愿作为被解释变量。

2. 模型运行结果与检验

本文对调查的数据进行处理采用的是 IBM SPSS Statistics 23.0 软件，选择 5% 的统计显著水平，对模型中是否所有自变量偏回归系数全为 0 进行似然比检验，显著性结果为 0.00<0.05，说明至少有一个自变量的偏回归系数不为 0，即所建立的模型是有效的。根据软件运行的结果，最后，我们选择其中 4 个因素作为模型解释变量进行分析。

表 2 检验的结果给出了相对“非常同意”，影响“不同意”“不太同意”“一般同意”“比较同意”意愿的因素，根据这些因素可以建立如下具体模型：

$$\text{Logit}(p_1)=1.563-5.608GD+5.664ST-5.5HD+0.725RI$$

$$\text{Logit}(p_2)=-1.329-3.759GD+3.914ST-3.548HD+0.069RI$$

$$\text{Logit}(p_3)=-2.961+3.307GD+3.282ST+3.823HD-1.124RI$$

$$\text{Logit}(p_4)=2.163+5.226GD+5.363ST+4.804HD-0.018RI$$

可以具体分析如下：

（1）人均耕地面积。从表 2 可以看出，根据人均耕地面积排序的区域分组变量对“不同意”意向负向影响显著（$p<0.005$），“不太同意”意向负向影响不显著，“一般同意”意向正向影响不显著，“比较同意”意向正向显著（$p<0.008$）。由此看出，村民的人均耕地面积，对于生态湿地保护的意愿影响是正向的。

（2）人均水田面积。根据人均耕地面积排序的区域分组变量对“不同意”意向正向影响显著（$p<0.005$），“不太同意”意向正向影响不显著，“一般同意”意向正向影响不显著，“比较同意”意向正向显著（$p<0.008$）。即人均水田面积对居民湿地生态保护意愿的影响并不明确。

（3）人均旱地面积。人均旱地面积对居民湿地生态保护意愿“不太同意”和“一般同意”的影响并不显著，对“不同意”意向负向影响显著（$p<0.006$），“比较同意”意向正向显著（$p<0.015$）。因此，人均旱地面积对居民湿地生态保护意愿的影响与人均耕地面积对其的影响相似，都是正向的。

（4）人均纯收入。从表 2 可以看出，根据人均纯收入排序的区域分组变量对

“不同意”意向正向影响显著（$p<0.041$），“不太同意”意向负向影响不显著，“一般同意”意向正向影响不显著，“比较同意”意向负向显著（$p<0.036$）。由此可以看出，村民的人均纯收入对于生态湿地保护的意愿影响是负向的。

表 2　Logistics 回归结果

同意湿地生态保护		估计系数	标准误差	瓦尔德	自由度	显著性
不同意	截距	1.563	0.187	70.164	1	0.000
	人均耕地面积（GD）	−5.608	1.997	7.888	1	0.005
	人均水田面积（ST）	5.664	2.022	7.849	1	0.005
	人均旱地面积（HD）	−5.500	1.985	7.674	1	0.006
	人均纯收入（RI）	0.725	0.196	0.193	1	0.041
不太同意	截距	−1.329	0.349	14.524	1	0.000
	人均耕地面积（GD）	−3.759	3.863	0.947	1	0.330
	人均水田面积（ST）	3.914	3.904	1.005	1	0.316
	人均旱地面积（HD）	−3.548	3.833	0.857	1	0.335
	人均纯收入（RI）	0.069	0.015	0.521	1	0.470
一般同意	截距	−2.961	0.625	22.473	1	0.000
	人均耕地面积（GD）	3.307	8.458	0.153	1	0.696
	人均水田面积（ST）	3.282	8.472	0.150	1	0.698
	人均旱地面积（HD）	3.823	8.452	0.205	1	0.651
	人均纯收入（RI）	−1.124	0.083	0.158	1	0.691
比较同意	截距	2.163	0.179	146.212	1	0.000
	人均耕地面积（GD）	5.226	1.985	6.932	1	0.008
	人均水田面积（ST）	5.363	2.012	7.109	1	0.008
	人均旱地面积（HD）	4.804	1.971	5.944	1	0.015
	人均纯收入（RI）	−0.018	0.005	0.851	1	0.036

五、讨论与结论

从调查数据的一般性描述统计结果不难看出，意愿“不太同意”和“一般同意”回归的结果不显著的原因是因为有这两种意愿的居民人数太少。因此对于这两种意愿的分析可以不做具体考虑。

（1）在考察农户对湿地生态保护意愿时，土地资产对其的影响是比较重要的，土地面积对居民湿地生态保护意愿的影响是相互的。耕种土地的增加有助于政府实施湿地生态保护政策，减少政府的投入成本；同时，政府实施湿地生态保护对于有土地的居民也是有利的，对居民的耕作有着正向作用。因此，根据耕地面积给予生态补偿有助于提高农户湿地生态补偿的意愿。

（2）居民的人均纯收入是影响居民对湿地生态保护意愿非常的重要因素。人均纯收入更低的人更愿意政府实施湿地生态保护，这样那些居民可以因此得到政府发放的补助。近年来，由于农业收入相对降低，更多的人外出打工，更多地从事到第二产业、第三产业当中。所以，政府实施湿地生态保护一方面可以在保护湿地的过程中改善当地的生态环境，一定程度上吸引当地居民加入到生态湿地保护的队伍中；另一方面，政府实施湿地生态保护需要给予当地居民一定的经济补偿。

参考文献

[1] 李志涛，黄河清，张明庆，等. 鄱阳湖流域经济增长与水环境污染关系研究[J]. 资源科学，2010，32（2）：267-273.

[2] 廖富强，刘影，叶慕亚，等. 鄱阳湖典型湿地生态环境脆弱性评价及压力分析[J]. 长江流域资源与环境，2008，17（1）：133-137.

[3] 宋言奇. 发达地区农民环境意识调查分析——以苏州市 714 个样本为例[J]. 中国农村经济，2010（1）：53-62.

[4] 李卫兵，陈妹. 收入对居民环境意识的影响：绝对水平和相对地位[J]. 当代财经，2017（1）：16-26.

[5] 李惠梅，张安录，王珊，等. 三江源牧户参与草地生态保护的意愿[J]. 生态学报，2013，33（18）：5943-5951.

[6] 张文彬，李国平. 生态补偿、心理因素与居民生态保护意愿和行为研究——以秦巴生态功能区为例[J]. 资源科学，2017，39（5）：881-892.

[7] 康兰媛，朱红根. 湖区农户湿地保护与移民建镇意愿的影响因素——基于鄱阳湖区农户调查问卷[J]. 湖南农业大学学报（社会科学版），2015，16（1）：55-60.

[8] 刘小春，李婵，朱红根. 湿地保护背景下禁渔政策农户响应意愿及其影响因素分析——基于鄱阳湖区的样本数据[J]. 农林经济管理学报，2016，15（5）：586-594.

[9] 李芬，甄霖，黄河清，等. 鄱阳湖区农户生态补偿意愿影响因素实证研究[J]. 资源科学，2010，32（5）：824-830.

[10] 尤志良. 鄱阳湖区农户湿地保护意愿及其影响因素研究[D]. 南昌：江西农业大学，2015.

赣南山区农地抛荒情况调查及对策研究[①]

张明林　张　琪

（江西师范大学商学院，南昌　330022）

摘　要：调研结果表明，赣南山区土地抛荒比较严重，农地抛荒率高达39%，远高于全国平均水平。抛荒农户比率呈现快速蔓延的趋势，现已高达65%。农地抛荒现象折射了农地保障功能弱化，农业土地种植机会成本过低。根据这一现状，本文提出政府要整合资金，将赣南山区抛荒用地打造成全国最大的有机农产品生产基地等一系列对策。

关键词：赣南　农地抛荒　调查　对策

赣南原中央苏区是典型的欠发达地区，也是我国扶贫攻坚的重要阵地。近年来，赣南山区民生发展得到快速提升，但农民收入水平总体来说还比较低。与此同时，赣南山区大量农地被抛荒。为了摸清情况，江西师范大学课题组组织学生在寒假返乡时进行调研，调研范围包括兴国、宁都、信丰、安远、瑞金等赣南县市，共发放问卷150份，有效问卷113份，具体调研总结如下述。

一、赣南山区农地抛荒情况调查分析

本次调研113户农民，水田和旱地总面积553.7亩，其中水田占70.4%，旱地

① 课题组组长：田延光；课题组成员：赵美琪、张琪、张明林、刘善庆、詹强南。

占 29.6%，平均每户农地面积 4.9 亩。调研结果发现，赣南山区抛荒程度远高于全国平均水平，具体如下述。

1．农地抛荒率高达 39%，远高于全国平均水平

本次调研赣南农户水田面积 389.8 亩，旱地面积 163.9 亩。共抛荒 215.9 亩，其中水田抛荒面积 124.7 亩，占抛荒面积比率为 57.8%。旱地抛荒面积 91.2 亩，占抛荒面积比率为 42.2%。水田抛荒率为 32.0%。旱地抛荒率为 55.6%。

学术界认为我国农地抛荒率为 12%左右，应该不超过 20%。如华南农业大学罗忠民教授 2016 年调查表明，山西农地抛荒率大概为 9.79%，四川省为 19.7%，河南省为 15.9%。2016 年邱幼云教授调查闽西某村的抛荒率高达 22%。而本次调研结果显示，赣南山区抛荒率高达 39%，远高于全国平均水平，赣南农地抛荒“触目惊心”。

2．抛荒农户比率呈现快速蔓延的趋势，现已高达 65%

抛荒是一个长期性问题。近年来抛荒快速蔓延，华中师范大学中国农村发展研究院对 5 000 农户进行调查，结果表明，2008 年抛荒农户占调查农户的 7.9%，2012 年占 11.5%，2016 年占 26%。而本课题调研显示，2016 年赣南山区抛荒户占被调查者的 65%，比率之高，不敢相信。实际上，大部分农户家庭或多或少有一定抛荒地，尤其旱地抛荒比水田抛荒更为严重。

3．季节性抛荒向长期抛荒转变，隐形抛荒非常严重

调研发现，5 年前农户抛荒以季节性抛荒为主，季节性抛荒占 75%。2016 年，赣南抛荒农户长期抛荒比率为 54%，季节性抛荒约占 46%。旱地抛荒 80%属于长期抛荒。此外，除了 39%的农地显性抛荒外，还存在大量 62%隐性抛荒。隐性抛荒是指农地降低复种指数，由双季稻改单季稻。

二、赣南山区农地抛荒原因探索

1．农地抛荒的机会成本极低，大量青壮年劳动力外出

调研发现，农户抛荒农地的机会成本非常低，真是“种一年粮，不如打半月工”。如果一年按照两季水稻计算，产量约 1 500 斤，水稻 1.4 元/斤，总收入约 2 100 元。扣抵化肥、农药、请人帮工费用、耕地费用 40%，一亩田纯利润约 1 260 元。如果种 10 亩田，一年纯收入只有 1 万多元，远不如打工合算。现在出外打工月均收入 4 000 多元，年均收入 5 万元，扣除各项开支，能结余 2 万多元存款。如果出外开店或做生意，收入更高。显然，农地抛荒的机会成本非常低，这是大量青壮劳动力外出打工或创业的根本原因。农村留存的农业生产者大部分是 60 岁以上的老年农民群体。

2. 农地保障功能弱化，导致老年农民“抛远种近”

调研表明，赣南山区老人（留守农户家庭）的基本生活成本如下述。

粮食：每月 60 斤大米，2.5 元/斤，约 150 元；蔬菜和肉食：每天 10 元，每月 300 元；电话费等其他杂费：每月 200～300 元；每月总开支 700 元左右，一年开支 8 000 元左右，平均每人 4 000 元开支。通常每户种 2 亩多一点水田，保证自需粮食之外（1 000 斤稻谷）还可以卖 2 000 斤，约为 2 600 元。如果在旱地上种点蔬菜的话，每月买肉食只需要 160 多元。如果每年就近打点零工（帮助别人盖房、建筑工地上、帮别人插秧或双抢务工），一年能赚 4 000～5 000 元。显然，农地承担生活功能一半开支。解决农民吃的问题，只需要少量零工收入。有的农户子女会给一定赡养费。此外，农户还可以获得农业粮食种植补贴 600 多元/亩。由此可见，农地保障功能在弱化，农户不愿意满负荷种植。

我们采访时一户农户这样说：“现在还能勉强耕种，但是对于一些离家远的田地，可是心有余力不足，没那么大的精力去打点田土里的事情，现在我们也不像过去那样缺粮食了，我们随便种一点，就可以供全家吃上一年。加之我们这边的田土大多在山坡上，且呈小丘块状，难以实现机械化，给耕种也带来了很大的不便，我们只好选择性地将一些土地进行抛荒，现在山上的耕地抛荒现象越来越多了。”

3. 恶劣的土地利用条件，使得抛荒农地地租接近于零

赣南山区耕地常常夹于两山之间，从山脚下逐级上升到山腰。许多山间农地道路狭小，不适合机械化作业，种植起来劳动强度大。此外，山区农地缺乏农田水利设施，许多农田要“看天吃饭”，农业种植自然风险很大。

通常抛荒的农田一般在山腰间，或离家较远，或运输交通条件极差的地方。由于难以机械化，这些农田利用价值极低，许多专业种植户、家庭农场主和合作社等新型经营主体也不愿意租种这样的农地。因为一亩这样的农田翻田、播种、除草、打药、收割等至少需要投入 10 个劳动日以上。如果每个劳动日按照 150 元工资支付，就需要支付 1 500 元，这就会亏本。因此，恶劣的土地利用条件，使得农地地租几乎为零。调查中许多农户说：“农田荒在那里怪可惜的，谁要种地，跟我说声好了，不收租金的。”

当前，赣南农地主要由两部分人种植。一是广泛分布的老年留守农民；二是专业种植户、家庭农场主等新型经营主体。老年留守农户种植面积小，农地发挥着基本生存保障的功能。在国家扶贫攻坚和全面建成小康社会背景下，农地生存保障功能将进一步弱化。因此，未来赣南农地抛荒问题还会进一步恶化。

三、赣南山区农地抛荒治理的基本思路与对策

1. 利用抛荒土地，打造全国最大的有机农业生产基地

由于赣南抛荒土地大部分处于两山之间，生态环境非常优越、水土基本无污染，大部分地区空气质量上乘，非常适合发展有机农业。如果种植有机水稻，水稻谷物收购价格 3 元/斤以上，亩产 1 000 斤（两季），产值将超过 3 000 元。扣除各项开支和成本，还会有一定的利润空间，这时农地的租金将大于零，农地流转和规模经营也将成为可能。

江西省已经有将抛荒地改造为有机农业发展的实践和探索。例如，2013 年武宁县甫田乡创办农益有机农场，该农场流转村民 200 多亩抛荒多年的山垅田种植有机水稻，经过 4 年的种植实践，现已初步成功。但我国系统性、宏观性地思考如何合理利用抛荒地的案例不多。赣州市如果将全市所有的抛荒地整合起来可构

建100多万亩有机农业基地（赣南有490万亩耕地，按照30%抛荒面积计算，有147万亩抛荒地），这将为打造全国最大的有机农业生产基地提供前提条件。

2. 抛荒地“资源”变“资产”，“产权”变“股权”

一方面，小块的抛荒地对新型经营主体没有吸引力；另一方面，广大农民不愿意将“抛荒地”流转出去。调研中农户反映：“我现在也不缺钱，也不想流转出去，将土地闲置在那里，过个几年、十来年，将来还有个保障”。但大部分农户愿意在土地承包权长期不变的前提下，将生产经营权流转给村集体。因此，我们建议，各村可组建农村集体经济组织，再将农户抛荒地的生产经营权作价入股。这样就将抛荒地“资源”变“资产”，“产权”变“股权”。我们建议，赣州市政府把“打造全国最大的有机农业生产基地”作为其重要的发展战略，充分利用赣南产业扶贫“信贷通”政策，对各乡和村级抛荒地进行综合整治，建设适宜机械化生产的有机农业生产基地。之后，村集体经济组织可通过招商和合资的方式，与有一定实力的农业龙头企业共同发展有机农业。

3. 利用“互联网+”思维，构建有机农业生产可追溯体系

“互联网+”能够深刻地改造传统农业，促进智慧农业的发展。首先，“互联网+”可以渗透到耕地、播种、施肥、杀虫、收割、存储、育种等各环节。建议赣州市政府尽快探索有机水稻生产标准，支持农业龙头企业使用无线传感器，对农业生产现场的光照、温度等信息进行自动记录，构建农业互联网控制系统。其次，支持农业龙头企业将有机生产过程信息和数据通过各种信息平台实现互联共享，消费者可以通过扫二维码或条码，进行农产品溯源，确保从农田到餐桌的农产品质量安全。最后，赣州市政府可与京东商城、阿里巴巴及天猫合作，构建赣南有机农产品平台，支持农业龙头企业、合作社在该专门有机农产品平台进行销售。此外，赣州市政府还要利用报纸、电视、微信等媒体对“互联网+有机农业”模式展开宣传，打响赣南有机农业发展的“新名片”。

基于多群组 SEM 的农户太阳能产品购买决策行为研究①

滕玉华[1]　张轶之[2]

（1. 江西师范大学商学院/江西农业大学经济管理学院，南昌　330045；
2. 江西农业大学经济管理学院/江西现代农业发展协同创新中心，南昌　330045）

摘　要：本文利用江西省 695 户微观农户数据，基于技术接受模型和购买行为理论，构建了农户太阳能产品购买行为概念模型，并以农户收入水平、户主受教育程度为调节变量进行多群组 SEM 分析。研究表明，宣传教育和自愿活动通过农户感知的中介作用对太阳能产品购买行为产生间接的正向影响；经济激励和清洁能源产品属性不仅直接对农户太阳能产品购买行为有直接的正向作用，还通过农户感知的中介作用对购买行为产生间接的正向影响。多群组分析结果表明，家庭收入、文化程度调节变量在不同群组间的效应存在显著差异。

关键词：太阳能产品　农户　结构方程模型　多群组分析

---

① 基金项目：国家自然科学基金项目“农村居民节能行为形成机理与节能激励政策研究——基于江西的抽样调查”（71663032）、江西省社会科学规划项目“农户生产环境行为中‘态度—行为’缺口形成机制与修复策略研究”（17GL07）、江西高校人文社科项目“农村居民节能行为的心理归因与政策干预路径研究”（GL161015）的阶段性成果。

作者简介：滕玉华（1975—），湖北武汉人，经济学博士，江西农业大学经济管理学院副教授，主要从事能源技术经济、农村能源研究，E-mail：923900034@qq.com。

张轶之（1995—），女，江西上饶人，硕士研究生，技术经济及管理，主要从事能源技术经济、环境行为研究，E-mail：1540194545@qq.com。

一、引言

太阳能是一种可再生能源，随着消费化石能源引发的环境污染问题日趋严重，太阳能因其清洁的特点，已被世界各国广泛应用于生产和生活领域。为了促进农村太阳能发展，我国政府相继实施了一系列推进政策。如 2009 年商务部将太阳能热水器列入家电下乡政策补贴范围。但笔者调研发现，农户购买太阳能产品的积极性不高。农户是农村太阳能应用的主体，其太阳能产品购买行为不仅影响了我国农村能源消费结构，还影响着我国农村太阳能利用的推广速度。因此，研究农户太阳能产品购买决策行为显得尤为重要。

农户太阳能产品购买行为指农户在生产或生活中主动购买使用太阳能的产品过程。已有学者对影响太阳能应用的因素进行了研究。丁丽萍等（2015）运用结构方程模型研究公众太阳能光伏发电认知和采纳意愿，发现公众节能意识对其太阳能光伏发电的认知和太阳能光伏发电设备的采纳意愿有显著的促进作用，政府政策对公众太阳能光伏发电设备的选择倾向、节能意识与采纳意愿都有显著的正向影响[1]。Kim 等（2014）研究表明，系统质量、利益感知度和信任对公众采纳太阳能技术的态度有显著影响[2]。杨树（2015）研究得出，政策感知、产品属性认知、信息和补贴型政策感知对城市居民新能源汽车的购买意愿有影响[3]。目前，已有研究存在以下不足：①专门研究农户太阳能购买的文献还很缺乏。尽管有很多文献研究公众太阳能产品购买行为，受城乡二元经济结构的影响，城乡居民在居住方式和收入水平上存在显著差异，因此，农村居民与城市居民购买行为并不完全一致。②专门研究太阳能购买行为这一变量范畴的文献还很少见。尽管有很多文献研究的变量范畴（如新能源汽车购买行为、低碳购买行为、节能行为等）与太阳能产品购买行为有一定联系，但这些变量的内涵与太阳能产品购买行为并不完全一致。③已有的相关研究是将农户作为一个整体展开的，没有考虑农户的异质性，而农户家庭收入、户主的教育水平等方面均存在较大差异，其购买行为也可能存在差别。因此，有必要对不同特征农户群体太阳能产品购买决策行为的差异性进行研究。基于此，本文利用江西省695个农户调查数据，运用结构方程模型探究太阳能产品购买决策行为的影响因素以及这些因素之间的关系，在此基础上，从农户异质的视角，以农户家庭收入、文化程度为调节变量，分群组讨论太阳能产品购买决策行为的内在机制与差异，以期为政府针对特定农户群体制定太阳能应用推进政策提供决策参考。

二、研究假设和理论模型提出

1．选择人口统计变量作为模型调节变量的原因分析

已有环境行为的实证研究发现，居民的文化程度、收入、性别等个人特征会影响其环境行为（EK & Söderholm，2010；DeWaters & Powers，2011；Carrico & Riemer，2011；岳婷，2014；杨树，2015；芈凌云，2011；张连刚，2010）。王建明、郑冉冉（2011）研究发现，人口统计变量（性别、学历、年龄、收入）在心理意识与生态文明行为之间的特定路径关系中有调节作用，这4个人口统计变量影响着以上特定路径关系的有无或强弱[4]。贺爱忠等（2011）研究得出，人口统计特征（收入、文化水平）对城市居民低碳利益关注、低碳责任意识与低碳消费行为之间的特定路径关系中存在调节效应[5]。可见，人口统计变量是影响居民环境行为的重要因素。农户购买太阳能产品是农村居民的一种环境行为。因此，有必要从整体上分析在农户太阳能产品购买行为假设模型的基础上，以人口统计变量（文化程度和家庭年收入）作为调节变量进行多群组的结构方程模型分析。

2．研究假设

农户是否购买太阳能产品，既可视为一种技术接受行为，也可看作是一种购买行为。本文将综合运用技术接受行为理论和消费者购买行为理论来研究农户太阳能产品的购买决策行为。

从技术采纳的角度看，农户太阳能产品购买行为是一种技术接受行为。在技

术接受理论中，Davis（1989）提出的技术接受模型（TAM）是研究用户接受信息系统决定性因素的一个模型，对用户的技术采纳过程具有良好的解释力。技术接受模型认为用户感知的有用性和易用性通过影响想用的态度进而对系统行为产生影响，外部变量会影响用户感知的有用性和易用性。感知的有用性是个体认为使用一个具体的系统对其工作业绩提高的程度；感知的易用性是个体认为容易使用一个具体系统的程度；外部变量包括系统设计特征、用户特征（包括感知形式和其他个性特征）、任务特征、政策影响等。技术接受模型目前已被广泛应用于与环境相关的技术接受行为研究中，如对于农户新技术采纳决策行为（朱月季等，2015）、新能源汽车购买意愿（牛丽薇，2015）、对农村居民接受移动信息服务行为（何德华、鲁耀斌，2009）、对循环农业技术采纳意愿（李后建，2012）等，说明该模型对消费者技术接受行为的解释是可行的。本文从用户技术接受的视角研究农户太阳能产品购买行为，技术接受模型指出，外部变量通过影响用户使用产品时感知的有用性和易用性来影响用户的最终使用决策行为。根据太阳能产品适用的情景，本文将外部变量概括为经济激励、自愿活动、宣传教育、产品属性四个方面，认为外部变量（经济激励、自愿活动、宣传教育、产品属性）会通过影响农户感知（有用性和易用性），进而对其太阳能产品购买行为产生影响。基于此，本文提出以下假设：

H1：经济激励对农户的感知因素有显著正向影响。

H2：宣传教育对农户的感知因素有显著正向影响。

H3：自愿活动对农户的感知因素有显著正向影响。

H4：产品属性对农户的感知因素有显著正向影响。

H5：农户感知因素对其太阳能产品购买行为有显著正向影响。

从消费者行为角度来看，农户购买太阳能产品是一种消费者购买行为。消费者购买行为理论中的霍华德-谢思模式认为，刺激因素（产品刺激因子、符号刺激因子和社会刺激因子）、外在因素（相关群体、时间压力和产品选择性等）都会影响消费者的购买行为。因此，太阳能产品的质量、价格及服务等产品实质刺激会对农户的购买行为产生影响。经济激励、产品属性是影响农户购买太阳能产品的重要因素。王建明等（2011）应用扎根理论研究发现，个体实施低碳行为的成本显著影响公众选择低碳产品的消费方式[6]。赵爱武等（2015）研究发现，消费者对价格感知是影响其实施绿色购买行为的关键因素[7]。如果农户认为购买太阳能产品不仅可以节约用于花费在收集传统生物质（如木头、柴薪）上的时间，也可以节约用于购买商品性能源（煤炭、电、煤气等）上的能源消费支出，太阳能产品的购买和使用比较经济，则更会主动购买太阳能产品。基于此，本文提出以下假设：

H6：经济激励对农户购买行为有显著正向影响。

H7：产品属性对农户购买行为有显著正向影响。

基于以上分析，本文构建出农户太阳能产品购买行为概念模型，如图 1 所示。影响农户太阳能产品购买行为的前置变量分别是外部因素（经济激励、自愿活动、宣传教育、产品属性），这四个前置变量通过农户感知因素间接影响农户购买行为；经济激励和产品属性直接影响农户太阳能产品购买行为。

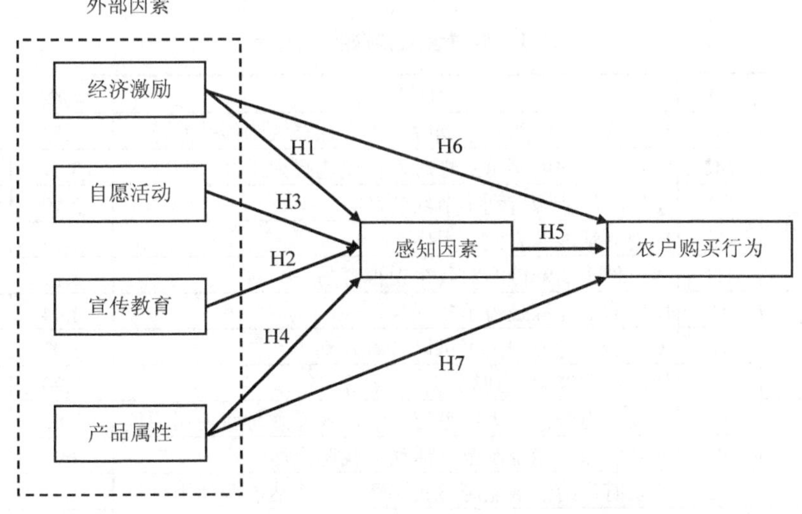

图 1 农户太阳能产品购买决策行为概念模型

三、研究设计

1．数据说明

本文所用数据来自课题组 2016 年 1—6 月对江西省农户的抽样调查。调查涉及江西省 20 个县（市）100 个乡镇的 900 个农户，回收问卷 794 份，其中有效问卷 695 份，有效率为 87.5%。在 695 份农户样本中，购买了太阳能产品的农户占总样本数的 64.5%。

2．变量测量

除了人口统计变量之外，本文量表均采用 Likert 五级量表测量，其中，产品属性中 1、2、3、4、5 分别代表“非常差”“比较差”“中等”“比较好”“非常好”。其余变量 1、2、3、4、5 分别代表“完全不同意”“不同意”“不确定”“同意”“完全同意”。人口统计特征包括“文化水平”和“家庭年收入”。各量表潜变量和观测变量如表 1 所示。

表 1　变量含义和描述性统计

因子	编号	测量变量	均值	标准差
购买行为（GM）	M1	购买或考虑购买热水器时，优先选择太阳能热水器	3.72	0.976
	M2	购买或考虑购买杀虫灯时，优先选择太阳能灯	3.41	1.002
感知因素（GZ）	G1	使用清洁能源有利于节约劳动力	3.19	0.734
	G2	使用清洁能源方便、卫生	3.13	0.754
	G3	学习使用清洁能源对我来说很容易	3.17	0.857
经济激励（JX）	J1	使用清洁能源是为了省钱	4.04	0.885
	J2	使用清洁能源的家电可以节省开支	3.93	0.906
	J3	使用清洁能源很划算	3.90	0.937
自愿活动（ZY）	Y1	若政府出资修建大中型沼气池，我愿意付费使用沼气	3.82	0.802
	Y2	若开展绿色能源示范县活动，我愿意尽一份力	3.92	0.825
	Y3	若政府供给清洁能源，我愿意购买清洁能源使用	3.44	0.995
宣传教育（XC）	X1	宣传让我了解到使用清洁能源方面的知识和技能	3.12	1.057
	X2	好的宣传活动，会促使我购买使用清洁能源的产品	3.59	0.869
	X3	知道如何应用清洁能源，对于我使用清洁能源很重要	3.76	0.871

因子	编号	测量变量	均值	标准差
产品属性（SX）	S1	使用太阳能产品的质量和服务	3.33	0.999
	S2	使用太阳能产品的技术水平	3.19	0.938
	S3	使用太阳能产品的易获得性	3.05	0.994

农户太阳能产品购买行为借鉴了 Chen 等（2007）、Minton & Rose（1997）所提出的量表。感知因素参考了芈凌云（2010） 的研究，结合农户的调研自行开发。经济激励参考了 Stern（2000）的量表，根据我国农户实际情况设计了 3 个条目的量表；自愿活动参考杨洪刚（2009）研究对政策的分类，根据实际调研结果自行开发；宣传教育借鉴了芈凌云（2010）所提出的量表，结合清洁能源实际自行设计；产品属性是根据岳婷（2014）的研究，设计了 3 个条目的量表。

四、模型分析与假设检验

1．信度和效度检验

（1）信度检验

利用 SPSS 19.0 软件进行信度分析，潜变量的信度检验结果如表 2 所示。由表 2 可知，各潜变量的 Cronbach's α系数都高于 0.5，CR 值均高于 0.5，这表明量表的内部一致性较好，本文所使用调查问卷的可信度较高。

表 2　收敛效度分析结果

潜变量名称	编号	α值	CR	标准化因子载荷	AVE	KMO 值	Bartlett 的球形度检验
购买行为（GM）	M1	0.725	0.879 5	0.886	0.785	0.5	270.088
	M2			0.886			
感知因素（GZ）	G1	0.654	0.813 2	0.814	0.593 8	0.624	314.867
	G2			0.816			
	G3			0.673			
经济激励（JX）	J1	0.756	0.860 9	0.818	0.674 5	0.631	575.88
	J2			0.889			
	J3			0.751			

潜变量名称	编号	α值	CR	标准化因子载荷	AVE	KMO值	Bartlett的球形度检验
自愿活动（ZY）	Y1	0.661	0.815 6	0.727	0.596 3	0.641	305.807
	Y2			0.818			
	Y3			0.769			
宣传教育（XC）	X1	0.595	0.788 0	0.642	0.556 1	0.580	243.073
	X2			0.832			
	X3			0.751			
产品属性（SX）	S1	0.784	0.873 8	0.805	0.698	0.686	609.397
	S2			0.873			
	S3			0.827			

（2）效度检验

借助SPSS 19.0和AMOS 21.0软件，采用因子载荷、平均方差抽取量（AVE）和组合信度（CR）检验收敛效度，检验结果如表3所示。由表3可知，各潜变量对应分量表的KMO统计值均在0.5以上，检验结果的显著性水平均小于0.001，这意味着研究量表适合进行因子分析。各变量的标准化因子载荷值建议值标准应大于0.5，AVE值大于0.5和组合信度（CR）值在0.6以上，本研究各变量的标准化因子载荷值均大于0.7，各因子（潜变量）的平均抽取方差（AVE）都大于0.59，这表明各潜变量均有较好的收敛效度；各因子（潜变量）的组合信度（CR）值均在0.80以上，说明测量模型的构念信度良好，模型内在质量理想。因此，从整体上看，模型各变量均具有较好的收敛效度，各潜在变量的信度较好。

采用AVE值来检验区别效度，若各变量AVE值的平方根均大于它与其他变量间相关系数的绝对值，则认为变量间具有良好的区别效度。表3中各潜变量的AVE平方根均明显高于其与其他变量相关系数的绝对值，这意味着模型变量间具有较好的区别效度。

表 3　区别效度检验结果

潜变量	GM	GZ	JX	ZY	XC	SX
GM	0.886					
GZ	0.442	0.771				
JX	0.395	0.339	0.821			
ZY	0.247	0.462	0.233	0.772		
XC	0.383	0.533	0.307	0.582	0.746	
SX	0.224	0.328	0.039	0.203	0.486	0.835

2. 模型拟合与评价

（1）模型整体适配度检验

拟合度是检验研究模型是否与原始数据吻合的重要指标。本文采用χ^2/df、GFI、RMSEA、AGFI、NFI、IFI 与 CFI 7 个指标来评价研究模型，结果见表 4。从表 4 可以看出，模型的卡方自由度比（χ^2/df）为 2.285，小于 3，表明模型适配良好。模型的 RMSEA 值为 0.043（<0.05），GFI 值为 0.961（>0.90），AGFI 值为 0.943（>0.90），NFI 值为 0.923（>0.90），IFI 值为 0.955（>0.90）以及 CFI 值为 0.955（>0.90），说明模型的各项适配度指标都达到适配标准，模型拟合良好。

表 4　模型适配度检验

统计检验量	检验结果数据	标准或临界值	模型适配判断
GFI 值	0.961	>0.90	是
IFI 值	0.955	>0.90	是
RMSEA 值	0.043	<0.05	是
CFI 值	0.955	>0.90	是
NFI 值	0.923	>0.90	是
AGFI 值	0.943	>0.90	是
χ^2 自由度比值	2.285	<3	是

（2）模型假设检验

根据概念模型，运用 AMOS 21.0 软件得到估计结果如表 5 和图 2 所示。由表 5 可知，本文提出的 7 个假设的标准化回归系数均大于零，并在 0.001 或 0.01 的水平下显著，这表明本文提出的假设都得到支持。

表 5　标准化回归系数及显著性检验

假设	标准化系数	CR	p	结论
H1：经济激励→感知因素	0.186	3.746	***	接受
H2：宣传教育→感知因素	0.246	3.016	**	接受
H3：自愿活动→感知因素	0.248	3.509	***	接受
H4：产品属性→感知因素	0.151	2.702	**	接受
H5：感知因素→农户购买行为	0.333	5.653	***	接受
H6：经济激励→农户购买行为	0.275	5.499	***	接受
H7：产品属性→农户购买行为	0.146	2.982	**	接受

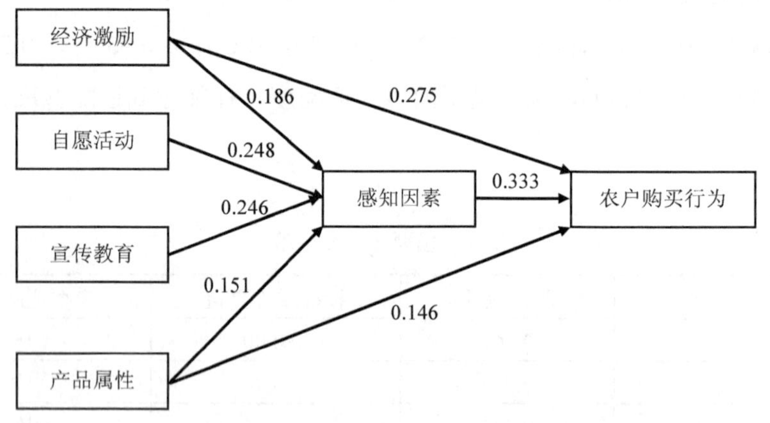

图 2　农户太阳能产品购买行为概念模型路径结果

结构模型中各潜变量之间的直接效应、间接效应和总效应的计算结果见表 6。由表 6 可知，从直接效应来看，对农户感知因素影响最大的变量是农户的自愿活动（0.248），对农户太阳能产品购买行为影响最大的变量是农户感知因素（0.333），其次是经济激励（0.275），最小的是产品属性（0.146）。从间接效应来看，对农户太阳能产品购买行为影响最大的变量是经济激励（0.062）。从总效应来看，对农户太阳能产品购买行为影响最大的变量是经济激励（0.337），其次是感知因素（0.333），影响最小的是产品属性（0.197）。因此，要引导农户购买太阳能产品，最重要的是经济激励，其次是要提高农户感知太阳能产品的有用性和易用性。首先，要鼓励农村居民参与一些环保方面的自愿活动，提升农村居民自愿参与环保的意识和责任感；其次，政府要借助广播、橱窗和电视等，加大宣传太阳能产品的相关知识，提高农户对太阳能产品的有用性和易用性感知。

表 6　标准化直接效果与间接效果

假设	直接效应	间接效应	总效应[a]
经济激励→感知因素	0.186	0	0.186
宣传教育→感知因素	0.246	0	0.246
自愿活动→感知因素	0.248	0	0.248
产品属性→感知因素	0.151	0	0.151
感知因素→农户购买行为	0.333	0	0.333
经济激励→农户购买行为	0.275	0.062	0.337
产品属性→农户购买行为	0.146	0.050	0.197

注：[a]总效应=直接效应+间接效应；由于系统计算自动考虑了四舍五入的原因，清洁能源产品属性对农户购买行为的总效应比直接效应和间接效应之和大 0.01。

3．分群组的结构方程检验

本文选取多群组分析的调节变量为农户户主文化程度、家庭收入。为了找到最适配的路径模型，在多群组分析时需要进行各种参数限制。通过比较分析预设模型（即对模型不做任何参数限制）、测量系数相等模型、结构系数相等模型、结构协方差相等模型和结构残差相等模型的结构适配度，最终选择结构系数相等模型作为多群组分析模型。多群组的 CFI 值为 0.917～0.938，均高于 0.9 的标准值；PNFI 值为 0.662～0.819，均高于标准值 0.5；RMSEA 值的最大值为 0.03，小于 0.05 的适配临界值；卡方统计量的 p 值未达到显著水平。因此，多群组模型与样本数据有较好的适配度，估计结果见表 7。

表 7　多群组分析估计结果

路径	文化水平			家庭年收入		
	小学及以下	初中	高中及以上	低	中	高
H1	0.162***	0.166***	0.177***	0.19***	0.19***	0.196***
H2	0.254**	0.272**	0.332**	0.244*	0.259*	0.207*
H3	0.275**	0.192**	0.249**	0.256***	0.251***	0.238***
H4	0.130*	0.121*	0.156*	0.125*	0.124*	0.131*
H5	0.377***	0.348***	0.293***	0.318***	0.331***	0.372***
H6	0.297***	0.279***	0.251***	0.261***	0.271***	0.315***
H7	0.158**	0.135**	0.147**	0.14**	0.144**	0.171**

注：***、**、*分别表示在 0.001、0.01、0.05 水平下显著；路径 H1 ~ H7 等与前文假设及表 5 中的假设一致；年龄低是指年龄 35 岁及以下的受访者，年龄高是指年龄 35 岁以上的受访者；家庭年收入低是指家庭年总收入低于 3 万元的受访者，家庭年收入中是指家庭年总收入在 3 万 ~ 5 万元的受访者；家庭收入高是指家庭年总收入在 5 万元以上的受访者。

从表 7 可以得出以下结论：

第一，经济激励、宣传教育对农户感知因素的正向影响方面（H1，H2）。文化水平中，经济激励、宣传教育对不同文化水平农户感知因素的影响均通过了检验，并且随着农户户主受教育水平的提高，经济激励、宣传教育对农户感知因素的正向影响程度越强。可能的解释是，农村居民的文化程度越高，越能够理解应用太阳能在保护生态环境中的作用，越容易掌握使用太阳能产品的技能、明白应用太阳能可以降低家庭能源消费，从而更能认识到购买太阳能产品的易用性和有用性。家庭年收入中，经济激励对高收入农户感知因素的影响最为显著（β= 0.196，p＜0.001），并且中等收入农户与低收入农户的影响程度相等（β= 0.19，p＜0.001）。可能的解释是，相对于其他产品，太阳能产品的价格要高一些，中等收入农户和低收入农户的支付能力较弱，从节约购买成本的角度来看，会降低感知太阳能产品的有用性，倾向于购买价格更低的非太阳能产品。宣传教育对中等收入农户感知因素的影响最为显著（β= 0.259，p＜0.001），低收入农户次之（β= 0.254，p＜

0.001）。这表明，对中低收入农户进行太阳能知识和环保方面的宣传教育，有助于提高这些农户易用性和有用性的感知。

第二，自愿活动对农户感知因素的正向影响方面（H3）。文化水平中，自愿活动对低文化水平农户感知因素的影响最为显著（β= 0.156，p＜0.05），高中文化水平农户次之（β= 0.192，p＜0.001）。可能的解释是，小学及以下农户对太阳能产品认可度很高，主动参与政府在太阳能方面开展的活动，从这些自愿活动中农户感知到的有用性和易用性就会更加强烈。收入水平中，随着收入水平的提高，自愿活动对农户感知因素的正向影响程度越弱。原因可能在于，农户的收入水平越高，越重视生活的品质，而不太关注使用太阳能产品可以节约劳动力、降低能源消费开支等问题，因而，感知的有用性和易用性就会降低。

第三，产品属性对农户感知因素的正向影响方面（H4）。文化水平中，产品属性对高文化水平农户感知因素的影响最为显著（β= 0.275，p＜0.001），低文化水平农户次之（β=0.13，p＜0.05）。收入水平中，产品属性对高收入水平农户感知因素的影响最为显著（β= 0.131，p＜0.05），低收入水平农户次之（β= 0.125，p＜0.05）。因此，高文化水平、高收入水平农户的感知极易受到太阳能产品属性的影响。

第四，农户感知对其太阳能产品购买行为的正向影响方面（H5）。文化水平中，随着农村居民文化水平的越高，农户感知对其太阳能产品购买行为的正向影响程度越低。原因可能在于，文化程度越低的农户，购买行为决策越容易受到感知有用性、易用性的主导；而文化程度越高农户，购买行为决策越容易受到性价比因素的主导。收入水平中，随着收入水平的提高，农户感知对其太阳能产品购买行为正向影响程度越强。原因可能在于，高收入农户有更强的经济基础来为太阳能产品支付额外费用，有相对充足的资金购买太阳能产品。

第五，经济激励对农户太阳能产品购买行为的正向影响方面（H6）。文化水平中，经济激励对不同文化程度农户太阳能产品购买行为的影响均通过了检验，并且随着农村居民文化水平的提高，经济激励对农户太阳能产品购买行为的正向影响程度越低。可能的解释是，农户的文化水平越高，获取太阳能产品信息的渠道越多，购买太阳能产品前花费在信息收集和购买决策选择上的时间和精力就越多，对产品的了解程度越高，感知的产品性能是否能达到自己预期风险就会越强。因而，经济激励对农户太阳能产品购买行为的影响就越弱。收入水平中，随着收入水平的提高，经济激励对农户太阳能产品购买行为的正向影响程度越强。原因可能在于，高收入农户对提高生活质量的需求较强，购买意愿较高，在经济激励下会优先选择购买太阳能产品。

第六，产品属性对农户太阳能产品购买行为的正向影响方面（H7）。文化水平中，产品属性对低文化程度农户太阳能产品购买行为的影响最为显著（β= 0.158，p＜0.001），高中及以上农户次之（β= 0.147，p＜0.001）。这可能是由于受教育程度低的农村居民，获取太阳能产品信息的渠道越少，对产品的了解程度越低，购买产品感知到的时间损失和金钱损失的风险越小。收入水平中，随着收入水平的提高，产品属性对农户太阳能产品购买行为的正向影响程度越强。原因可能在于，农户的收入水平越高，高收入农户购买太阳能产品能力就越强，对产品价格的敏感性会越低，越会担心购买产品后，在使用过程中可能会出现技术成熟度不高、维修服务不便利、维护的价格等问题，这些风险感知会影响到农户的购买行为。

4. 进一步分析

由于原样本获取时间较早，为了验证原样本的结论是否同样适用现在的农户，用同样的问卷向新的问卷对象再次做了调查。最新调查共发放了 280 份问卷，回收了 200 份问卷。由于新样本数量较少，未对其单独进行分析，而是将新旧样本合并在一起重新拟合，以与原样本结果进行比较。研究结果表明，合并样本的模型总体拟合情况良好。除经济激励对感知因素和农户太阳能产品购买行为正向影响的显著性略有降低外，合并样本的各结构方程系数及显著性与原样本几乎相同，这表明本文的结论同样适用于当前的农户。

五、主要结论、政策启示与展望

1. 主要结论

本文以江西省农户为研究对象，运用多群组结构方程模型，以农户户主文化程度和家庭收入为调节变量，系统地分析农户太阳能产品购买决策行为的影响因素及其作用机理。得出的主要结论如下：

第一，经济激励、宣传教育、自愿活动和产品属性对农户感知因素和农户太阳能产品购买行为均有显著正向影响，农户感知因素对其太阳能产品购买行有显著正向影响。

第二，对农户感知因素影响最大的是自愿活动，对农户太阳能产品购买行为影响最大的是农户感知因素，其次是经济激励，最后是产品属性。

第三，多群组分析结果表明，文化水平和家庭年收入调节变量在不同假设路径中的影响存在较大差异。文化程度作为调节变量的结果显示，经济激励、宣传教育、产品属性的认知对高中及以上学历的农户感知到太阳能产品的有用性与易用性影响最显著，而自愿活动对小学及以下学历的农户感知到产品属性的有用性与易用性影响最显著；农户文化程度越低，感知因素、经济激励及产品属性对其购买太阳能产品的影响越显著。收入作为调节变量的结果显示，农户收入越高，感知因素、经济激励及产品属性对其购买太阳能产品的影响越显著；农户收入越低，自愿活动对其感知到太阳能产品的有用性与易用性的影响越显著。

2. 政策启示与展望

基于上述研究，可以得出以下政策启示：第一，充分利用经济激励措施，合理引导农户感知太阳能产品的有用性与易用性，同时提高农户购买能力。第二，加大对太阳能产品的宣传教育，引导农户充分认识产品属性和提高农户太阳能产品有用性与易用性的感知水平。第三，因地制宜，开展太阳能产品示范县活动，引导更多农户参与宣传推广太阳能产品的自愿活动。第四，充分考虑农户的感知因素，根据不同地区农户文化水平和家庭年收入等实际情况，积极引导农户购买太阳能产品。

虽然本文的假设都得到了验证，研究得出一些有价值的微观层次结论，但至少还有两个方面有待进一步研究。首先，除了经济激励、产品属性通过农户感知影响之外，农户太阳能产品购买行为还受哪些因素的影响；其次，我国经济发展不平衡，农村经济存在较大差异，而本文的研究对象是江西省农户，该研究结论是否适合我国其他农村地区还有待论证。

参考文献

[1] 丁丽萍，帅传敏，李文静，等. 基于 SEM 的公众太阳能光伏发电认知和采纳意愿的实证研究[J]. 资源科学，2015（7）：1414-1423.

[2] Kim H，Park E，Kwon S J，et al. An integrated adoption model of solar energy technologies in South Korea[J]. Renewable Energy，2014（66）：523-531.

[3] 杨树. 中国城市居民节能行为及节能消费激励政策影响研究[D]. 北京：中国科学技术大学，2015.

[4] 王建明，郑冉冉. 心理意识因素对消费者生态文明行为的影响机理[J]. 管理学报，2011，8（7）：1027-1035.

[5] 贺爱忠，李韬武，盖延涛. 城市居民低碳利益关注和低碳责任意识对低碳消费的影响——基于多群组结构方程模型的东、中、西部差异分析[J]. 中国软科学，2011（8）：185-192.

[6] 王建明，王俊豪. 公众低碳消费模式的影响因素模型与政府管制政策——基于扎根理论的一个探索性研究[J]. 管理世界，2011（4）：58-68.

[7] 赵爱武，杜建国，关洪军. 绿色购买行为演化路径与影响机理分析[J]. 中国管理科学，2015（11）：163-170.

[8] EK K.，Söderholm P. The devil is in the details：Household electricity saving behavior and the role of information [J]. Energy Policy，2010，38（3）：1578-1587.

[9] DeWaters J. E. ，Powers S. E. Energy literacy of secondary students in New York State（USA）：A measure of knowledge，affect，and behavior [J]. Energy Policy，2011，39（3）：1699-1710.

[10] Carrico A. R. ，Riemer，M. Motivating energy conservation in the workplace：An evaluation of the use of group-level feedback and peer education[J]. Journal of Environmental Psychology，2011，31（1）：1-13.

[11] 岳婷. 城市居民节能行为影响因素及引导政策研究[D]. 北京：中国矿业大学，2014.

[12] 芈凌云. 城市居民低碳化能源消费行为及政策引导研究[D]. 大连：大连理工大学，2010.

[13] 张连刚. 基于多群组结构方程模型视角的绿色购买行为影响因素分析——来自东部、中部、西部的数据[J]. 中国农村经济，2010（2）：44-56.

[14] 牛丽薇. 新能源汽车购买意愿的影响因素及引导政策研究[D]. 北京：中国矿业大学，2015.

[15] 李后建. 农户对循环农业技术采纳意愿的影响因素实证分析[J]. 中国农村观察，2012（2）：28-36，66.

[16] 朱月季，周德翼，游良志. 非洲农户资源禀赋、内在感知对技术采纳的影响——基于埃塞俄比亚奥罗米亚州的农户调查[J]. 资源科学，2015（8）：1629-1638.

红壤旱地棉田间作对棉花产量、土壤微生物及酶活性的影响①

崔爱花　黄国勤②

（江西农业大学生态科学研究中心，南昌　330045）

摘　要：为探讨红壤旱地上以棉花为主体的间作系统的优势机理，采取随机区组大田试验，共设置 5 个处理，分别为：处理 A 棉花单作（CK）、棉花间作花生、棉花间作玉米、棉花间作甘薯、棉花间作大豆，研究间作对棉花产量、土壤微生物数量及酶活性的影响。结果表明，棉花间作处理较单作，一是可提高棉花产量，2016—2017 年年均增产 22.0%～45.4%，差异显著（$p<0.05$）；二是可增加土壤细菌、真菌、放线菌和固氮菌数量，增幅分别为 25.0%～150%、57.1%～100%、22.2%～44.4%和 85.7%～150%；三是增加土壤中过氧化氢酶、蔗糖酶和脲酶活性，差异均显著（$p<0.05$），增幅分别为 23.3%～53.3%、5.4%～32.4%和 30%～90%。棉花产量除与细菌存在极显著相关外，与土壤中其他微生物数量和酶活性之间均呈显著相关。综合来看，棉花间作大豆模式表现较优，比较适宜在红壤旱地上推广应用。

关键词：棉花　间作　土壤微生物　酶活性

---

① 基金项目：江西省研究生创新专项资助项目（YC2016-B035）。

② 通信作者：黄国勤，男，1962 年 10 月出生，农学博士后，首席教授/二级教授，博士生导师，E-mail：hgqjxes@sina.com。

棉花（*Gossypium hirsutum* L.）是我国最主要的经济作物之一，在国民经济中占据重要地位[1, 2]，红壤是我国南方（特别是江西）的重要土壤类型，我国的稻米（*Oryza sativa* Linanaeus）、棉花、茶叶［*Camellia sinensis*（L.）O.Kuntze］、桑叶（*Morusalba* L）、甘蔗（*Saccharum officenarum* L.）等产区均在红壤上获得长足的发展。红壤旱地是红壤的典型代表，占据较大的比例，但由于多种主要生产限制因子的存在，如酸、瘦、板、黏、旱等，使得红壤的生产潜力未得到发挥和挖掘[3, 4]，因此，要提高红壤旱地棉田的生产力，就必须研究红壤旱地产量提升的限制因子，提出解决的途径与方法。

间作是我国农业生产中非常有效的一种栽培方式[5]，生态位分离是间作优势产生的主要生态机制，间作中由于两种作物所占据的地上部和地下部生态位发生了分离，在时间生态位和空间生态位上互补扩大，从而使地上部的光、热和地下部的营养资源在时间上前后分离、在空间上互补扩大，实现了资源最大限度地利用[6-8]。张向前等[9]、张海春等[10]、徐双等[11]、刘均霞等[12]研究表明，间作可使土壤环境发生改变，继而影响作物的产量和品质。土壤微生物和酶一起作用于土壤物质转化和能量循环[13, 14]，是评价土壤肥力的重要指标之一[15]。本研究探讨了红壤旱地棉田间作模式对棉花产量、土壤微生物及酶活性的影响，旨在为探讨棉田间作优势机理提供理论参考，为南方红壤旱地农业生产和棉花产业的可持续发展提供科学依据。

一、材料与方法

1．试验地概况

试验设在具有典型南方红壤特点的江西农业大学科技园（E115°55′02.040″，N28°46′04.476″，原农学院试验站）。土壤为红壤性土亚类，年平均日照时数为1 559.9 h，年平均日照总辐射为 102.55 kJ/cm^2，无霜期约为 269 d，年均降雨量1 658.9 mm，年均温度 16.5℃，≥10 ℃活动积温为 5 521℃。试验地为低岗地，无灌溉条件。试验初始土壤性状是：土壤容重为 1.304 g/cm^3，总孔隙度为 52.98%，毛管孔隙度为41.55%，有机质为29.78 g/kg，全氮为1.34 g/kg，碱解氮为90.00 mg/kg，全磷为 1.18 g/kg，有效磷为 76.35 mg/kg，全钾为 55.38 g/kg，速效钾为 107.5 mg/kg，pH 值为 4.75。

2．试验设计

试验共设 5 个处理，处理 A（CK）棉花单作；处理 B：棉花间作花生；处理 C：棉花间作玉米；处理 D：棉花间作甘薯；处理 E：棉花间作大豆。每处理重复 3 次，共 15 个小区，随机区组排列，小区面积 6.0 m×5.5 m=33.0 m^2。

棉花品种为赣棉杂 1 号，花生为南昌本地种，玉米为甜糯玉米，甘薯为南昌农家种，大豆为东北毛豆。其中，棉花行距和株距分别是 100 cm 和 40 cm，花生、玉米、甘薯和大豆分别在棉花行中间开沟种植，行距和株距均为 100 cm 和 25 cm。各作物施肥量及施肥方式见表 1。

表 1　各作物施肥量及施肥方式

作物名称	钙镁磷肥		氯化钾		尿素	
	施用量/（kg/hm^2）	施肥方式	施用量/（kg/hm^2）	施肥方式	施用量/（kg/hm^2）	施肥方式
棉花	375	基肥	225	基肥：苗肥：花铃肥为 3：3：4	450	基肥：苗肥：花铃肥为 2：3：5
花生	300	基肥	150	基肥：花肥为 1：1	150	基肥：花肥为 2：3
玉米	325	基肥	200	基肥：苗肥：孕穗肥为 3：3：4	320	基肥：苗肥：孕穗肥为 2：3：5
甘薯	225	基肥	150	基肥	240	基肥：追肥为 1：2
大豆	325	基肥	200	基肥：苗肥：孕穗肥为 3：3：4	450	基肥：苗肥：孕穗肥为 2：3：5

3．测定项目及方法

棉花产量按每小区实际收获的棉花来计算；土壤微生物数量（细菌、真菌、放线菌和固氮菌）的测定参照文献[16]；土壤过氧化氢酶采用高锰酸钾滴定法测定，脲酶采用靛酚蓝比色法测定；蔗糖酶用3,5-二硝基水杨酸比色法测定[17]。

4．统计分析

连续2年试验测定数据趋势一致，本文除产量为2年数据外，其他均为2016年测定数据。采用Microsoft Excel 2007进行原始数据整理，利用SPSS 17.0统计软件进行方差分析和差异显著性比较。

二、结果与分析

1．不同间作种植对棉花皮棉产量的影响

从表2可以看出，2016年间作处理（B、C、D和E）比单作皮棉产量高20.4%～45.5%，差异显著（$p<0.05$），而间作各处理产量差异不显著；2017年棉花间作（B、C、D和E）比单作产量增加23.5%～45.1%，差异显著（$p<0.05$），处理E显著高于C和D，与处理B之间差异不显著；2年平均，间作处理比单作增产22.0%～45.4%，差异显著（$p<0.05$），处理E产量最高，显著高于B、C和D，而B、C和D之间差异不显著。由以上分析可以看出，棉田间作较单作可有效提高棉花产量；年际间，不同棉花种植模式2年的棉花产量均无显著差异，体现了良好的产量稳定性。

表2　不同间作种植对棉花皮棉产量的影响　　单位：kg/hm²

处理	2016年	2017年	2年均值
A（CK）	1 537.24c	1 582.22 c	1 559.0 c
B	1 851.38 b	1 954.02 ab	1 902.7 b
C	2 136.32 ab	1 862.84 b	1 999.58 b
D	2 051.6 ab	1 878.74 b	1 965.18 b
E	2 236.72 a	2 296.36a	2 266.54 a

注：同列数据后小写字母表示5%的显著水平，下同。

2．棉花不同间作种植对土壤微生物数量的影响

从表 3 可以看出，不同间作处理较单作均能显著增加土壤中的细菌和真菌的数量，处理 B、C、D 和 E 细菌数量分别比棉花单作增加 37.5%、37.5%、25.0%和 150%，处理 E 显著高于处理 B、C 和 D（$p<0.05$），而处理 B、C 和 D 之间差异不显著；处理 B、C、D 和 E 真菌数量分别比单作增加 85.7%、57.1%、71.4%和 100%，各间作处理之间差异不显著。放线菌数量方面，处理 B、C 和 D 分别比单作高 22.2%、55.6%和 44.4%，差异显著（$p<0.05$），处理 E 虽低于单作，但差异不显著。土壤中的固氮菌数量也显著受到间作的影响，处理 B、D 和 E 分别比单作高 150.0%、142.9%和 85.7%，处理 C 与对照差异不显著。以上分析表明，在增加土壤细菌、真菌数量方面以处理 E 效果最好，在增加土壤放线菌数量方面以处理 C、D 的优势明显；处理 B、D 在增加固氮菌数量方面效果最显著。

表 3　棉花不同间作对土壤微生物数量的影响

处理	细菌/（10^7CFU/g）	真菌/（10^5 CFU/g）	放线菌/（10^6 CFU/g）	固氮菌/（10^5 CFU/g）
A（CK）	0.8c	0.7c	0.9c	1.4c
B	1.1b	1.3ab	1.1b	3.5a
C	1.1b	1.1b	1.4a	1.1c
D	1.0b	1.2ab	1.3a	3.4a
E	2.0a	1.4a	0.6c	2.6b

3．棉花不同间作种植对土壤酶活性的影响

由表 4 可以看出，棉花间作处理对棉田土壤中的过氧化氢酶、蔗糖酶和脲酶活性的影响均达到了显著水平（$p<0.05$）。间作处理土壤中过氧化氢酶活性均高于单作，其中处理 E 最高，其次是处理 C，分别比单作增加 53.3%和 40.0%，处理 B 和 D 之间差异不显著，分别比单作增加 23.3%和 30.0%；蔗糖酶活性与过氧化氢酶的变化趋势一致，也是以处理 E 最高、处理 C 次之，较单作分别增加 32.4%

土壤中放线菌和固氮菌的数量，处理 E 和 C 的在放线菌和固氮菌方面减少的原因有待于进一步研究。

土壤酶活性是土壤肥力评价的重要指标之一，与土壤肥力和农业措施有显著的相关性，反映了土壤中各种生物化学过程的强度和方向[24]。刘均霞等[12]研究证实，间作处理较单作显著增加了玉米、大豆根际土壤中的脲酶和磷酸酶活性；覃娟等[25]在甘蓝间作水萝卜的研究中认为，间作处理较单作可显著或极显著增加不同耕层土壤脲酶、过氧化氢酶、蔗糖酶活性；而谢利等[26]则认为棉花间作孜然可显著降低土壤脲酶、过氧化氢酶、蔗糖酶活性。本试验中间作处理较棉花单作可有效增加土壤过氧化氢酶、脲酶和蔗糖酶活性，与前人[12, 25]观点相似。

张向前等[9]、张继光等[27]研究证明了土壤微生物数量和酶活性关系较密切，有显著或极显著的相关关系；马冬云等[28]在研究中证实土壤中微生物数量和酶活性与小麦产量之间存在正的相关关系；符冠富等[29]认为在灌浆中后期，土壤酶活性与水稻干物质量及产量呈显著相关。本试验也有类似结论，棉田土壤中微生物数量及酶活性之间存在显著的正相关，除细菌数量与棉花产量呈极显著相关外，土壤中另外 3 种类型微生物数量及 3 种酶活性与产量均呈显著相关，说明间作可促使土壤微生物数量和酶活性发生变化，影响土壤肥力进而影响到棉花产量，且彼此之间存在相互促进作用。

四、结论

棉田间作较单作可有效提高棉花产量、土壤微生物数量及酶活性，且以棉花间作大豆效果最佳，比较适宜在红壤旱地上推广应用。因此，利用间作作物生态位分离的原理，在红壤旱地上实行合理间作，可有效促进土壤中微生物数量和酶活性的增加，提高土壤肥力水平，改善作物的生长发育状况，最终达到增产的目的。本研究的不足之处在于，未对棉花以外的其他作物较相应单作的变化情况进行比较分析，有待于在以后的定位试验中进行研究。

参考文献

[1] 王子胜，徐敏，张国伟，等. 施氮量和种植密度对东北特早熟棉区棉花生物量和氮素累积的影响[J]. 应用生态学报，2011，22（12）：3243-3251.

[2] 刘洋，李亚雄，李斌，等. 我国棉花加工机械关键技术的专利分析[J]. 新疆农机化，2015（3）：41-43.

[3] 中国科学院南京土壤研究所. 中国土壤[M]. 北京：科学出版社，1978.

[4] 赵其国. 红壤物质循环及其调控[M]. 北京：科学出版社，2012：20.

[5] 刘巽浩，牟国正. 中国耕作制度[M]. 北京：中国农业出版社，1993：7-15.

[6] 肖焱波，李隆，张福锁. 小麦/蚕豆间作体系中的种间相互作用及氮转移研究[J]. 中国农业科学，2005，38（5）：965-973.

[7] 肖焱波，李隆，张福锁. 根瘤菌菌株 NM353 对小麦/蚕豆间作体系中作物生长及养分吸收的影响[J]. 植物营养与肥料学报，2006，12（1）：89-96.

[8] 李隆. 间作作物种间促进与竞争作用研究[D]. 北京：中国农业大学，1999.

[9] 张向前，黄国勤，卞新民，等. 间作对玉米品质、产量及土壤微生物数量和酶活性的影响[J]. 生态学报，2012，32（22）：7082-7090.

[10] 张海春，张浩，胡晓辉. 不同间作模式对温室连作番茄产量、土壤微生物和酶活性的影响[J]. 西北农业学报，2016，25（8）：1218-1223.

[11] 徐双，柳新伟，崔德杰，等. 不同施肥处理对滨海盐碱地棉花生长和土壤微生物及酶活性的影响[J]. 水土保持学报，2015，29（6）：316-320.

[12] 刘均霞，陆引罡，远红伟，等. 玉米、大豆间作对根际土壤微生物数量和酶活性的影响[J]. 贵州农业科学，2007，35（2）：60-61.

[13] 苗琳，王立，黄高宝，等. 保护性耕作对旱地麦田土壤酶活性的影响[J]. 干旱地区农业研究，2009，27（1）：6-11.

[14] 孙建，刘苗，李立军，等. 免耕与留茬对土壤微生物量 C、N 及酶活性的影响[J]. 生态学

报，2009，29（10）：5509-5515.

[15] 姜莉，陈源泉，隋鹏，等. 不同间作形式对玉米根际土壤酶活性的影响[J]. 中国农学通报，2010，26（9）：326-330.

[16] 中国科学院南京土壤所微生物室. 土壤微生物研究法[M]. 北京：科学出版社，1985：12-36.

[17] 关松荫. 土壤酶及其研究[M]. 北京：农业出版社，1983：320-323.

[18] 沈其荣，褚贵新，曹金留，等. 从氮素营养的角度分析旱作水稻与花生间作系统的产量优势[J]. 中国农业科学，2004，37（8）：1177-1182.

[19] 高阳，段爱旺，刘祖贵，等. 间作种植模式对玉米和大豆干物质积累与产量组成的影响[J]. 中国农学通报，2009，25（2）：214-221.

[20] 沈雪峰，方越，董朝霞，等. 甘蔗/花生间作对土壤微生物和土壤酶活性的影响[J]. 作物杂志，2014（5）：55-58.

[21] 宋亚娜，Marschner P，张福锁，等. 小麦/蚕豆，玉米/蚕豆和小麦/玉米间作对根际细菌群落结构的影响[J]. 生态学报，2006，26（7）：2268-2274.

[22] 吴凤枝，周新刚. 不同作物间作对黄瓜病害及土壤微生物群落多样性的影响[J]. 土壤学报，2009，46（5）：899-906.

[23] 张亮亮，罗明，韩剑，等. 南疆枣树-棉花间作对土壤微生物区系及代谢熵的影响[J]. 棉花学报，2016，28（5）：493-503.

[24] 李成芳，曹凑贵，徐拥华，等. 稻鸭与稻鱼生态系统土壤微生物量 N 和土壤酶活性动态[J]. 生态学报，2008，28（8）：3905-3912.

[25] 覃娟，李剑，刘霞，等. 甘蓝水萝卜间作对土壤理化性状及酶活性影响[J]. 北方园艺，2010（7）：20-22.

[26] 谢利，王燕芳，马超，等. 棉花-孜然间作模式对土壤微生物数量及酶活性的影响[J]. 江苏农业科学，2015，43（10）：103-104.

[27] 张继光，秦江涛，要文倩，等. 长期施肥对红壤旱地土壤活性有机碳和酶活性的影响[J]. 土壤，2010，42（3）：364-371.

[28] 马冬云，郭天财，宋晓，等. 尿素施用量对小麦根际土壤微生物数量及土壤酶活性的影响[J]. 生态学报，2007，27（12）：5222-5228.

[29] 符冠富，王丹英，徐春梅，等. 稻田冬季保护性耕作条件下的土壤酶活性与水稻成熟期叶片衰老和籽粒产量之间的关系[J]. 中国水稻科学，2009，23（1）：43-50.

第三部分

工作总结

江西省生态经济学会 2009 年度工作总结

在江西省民政厅和江西省科学技术协会的领导下，经过理事会和全体会员的共同努力，江西省生态经济学会在 2009 年度做了一些具体工作，取得了一定的成效，完成了预期的各项任务。现简要总结如下：

一、理论学习

江西省生态经济学会会员认真学习党的路线、方针、政策，学习党的理论，特别是学习党的十七大报告精神，学习和实践科学发展观；学习江西省民政厅、江西省科学技术协会的有关文件，认真阅读中国科学技术协会学会学术部、福建省科学技术协会联合主办的《学会》月刊，并用以指导学会工作，同时又在实践中提高理论水平。

二、学会换届

经江西省科学技术协会、江西省民间组织管理局批准，江西省生态经济学会于 2009 年 2 月 21 日在江西农业大学召开了“江西省生态经济学会第二届会员代表大会”，来自全省各地的生态经济科技工作者 60 余人出席会议。江西省民政厅民间组织管理处处长罗良意、江西省科学技术协会学会部副调研员黄丽芬到会指导并讲了话，江西农业大学副校长陈金印致欢迎词。会议选举产生了新一届理事会，黄国勤教授当选为理事长，鄢邦有、肖运萍、谢元态为副理事长，王淑彬任秘书长。学会还聘请刘宜柏、王晓鸿为名誉理事长。

三、学术研讨

2009 年 2 月 21 日，“江西省生态经济学会第二届会员代表大会暨建设鄱阳湖生态经济区理论与实践学术研讨会”在江西农业大学召开，会议收到交流论文 10 余篇，并于会前编印成《江西省生态经济学会第二届会员代表大会暨建设鄱阳湖生态经济区理论与实践学术研讨会文集》。会议围绕建设鄱阳湖生态经济区理论与实践若干问题展开了学术交流与研讨，有 6 位专家在大会上做了专题学术报告：黄国勤教授做了题为“新中国成立 60 年来鄱阳湖的研究、开发、利用与保护”的专题学术报告；王保生高级工程师做了题为“鄱阳湖区域气候资源合理利用及特色农业布局的研究”的专题学术报告；杨荣俊研究员做了题为“建设鄱阳湖生态经济区必须构建有利于环保和可持续发展的产业体系”的专题学术报告；郭晓敏教授做了题为“鄱阳湖平原林业绿化现状及平原林业发展战略定位探讨”的专题学术报告；肖运萍研究员做了题为“鄱阳湖区避灾减灾农业的实践与思考”的专题学术报告；李志萌研究员做了题为“构建环境经济社会和谐共生支持体系——基于生态功能保护区建设的思考”的专题学术报告。

上述学术报告紧紧围绕“建设鄱阳湖生态经济区理论与实践”这一主题展开讨论，资料翔实、内容丰富、思路清晰、观点新颖，不仅有效地活跃了研讨会的学术气氛，而且对于当前全省各地正在实施的“建设鄱阳湖生态经济区”战略具有积极的指导意义和参考价值。

四、学术考察

学会会员结合各自从事的工作，抓住“机遇”对江西农村经济、生态经济，尤其是建设鄱阳湖生态经济区等有关问题进行科学考察和专题调研。理事长黄国勤于 2009 年 9 月 1—3 日，与南京农业大学教授卞新民、江西省农业技术推广总站副站长曹开蔚、江西省农学会副秘书长赵梅等同志一道，到新建县、安义县、永修县对当前农村经济、农田耕作制度、农村生态环境等问题进行了实地考察与调研，并着手撰写考察报告上报农业部，供有关领导决策时参考。

理事长黄国勤作为江西省政协人资环委专家组成员，先后于 2009 年 9 月 26 日、12 月 24 日到中国科学院红壤生态实验站、鄱阳湖南矶山湿地自然保护区分别对红壤丘陵地区生态环境问题、鄱阳湖生物多样性与生态保护问题等进行了实地考察与调研，并提出了有价值的咨询建议。

据不完全统计，2009 年学会共有 40～50 人次参加各种类型的学术考察与调研工作，对掌握第一手资料、了解最新实际情况，并以此指导具体工作起着重要作用。

五、课题研究

学会会员，尤其是在教学、科研单位的会员，积极申报科研课题，开展科学研究。江西农业大学生态科学研究中心作为学会挂靠单位，围绕生态经济、循环经济、低碳经济等当前国内外研究的“热点”，积极申报科研课题。如申报的“江西发展低碳经济的模式、途径与技术”，已获江西省科学技术协会立项资助。

此外，由黄国勤主持申报的农业部生态农业重点开放课题“江南丘陵区典型农田耕作制度的调查及综合评价——以江西省为例”，也获得立项资助。

据粗略统计，学会会员共争取立项的各类科研课题约为 50 项，涉及鄱阳湖生态经济区建设、江西生态文明建设、农业生态系统可持续发展等多方面的内容。

六、科技咨询

学会会员积极为领导干部和广大群众授课，传授生态经济、生态文明等方面的科技知识。

2009 年 6 月 30 日，邀请中国科学院院士、学会顾问赵其国先生来江西农业大学做学术报告，报告题目为“中国农业发展前景规划——农业发展路线图”，听课人数达 200 余人。

学会会员和专家黄国勤教授、程锦局长等作为评委专家，于 2009 年 8 月 4 日参加了在江西省农科院召开的“江西省红壤工程技术研究中心”组建评审论证会。

理事长黄国勤教授于 2009 年 9 月 10 日在井冈山科苑宾馆为“江西省科技系统管理干部培训班”（江西省科技厅人事处、江西省科技干部培训中心主办）授课，授课内容（主题）为“江西现代农业发展现状、问题及未来趋势”，受到有关领导和学员的好评。

应中国科学院项目评估监理中心邀请，学会会员和专家黄国勤、刘宝林、曹开尉、刘光荣等于 2009 年 7 月 16 日、9 月 14—15 日、11 月 15 日先后参加中国科学院知识创新重大工程项目“耕地保育与持续高效现代农业试点工程”（江西试区）的田间测产和中期评估工作。

2009 年，黄国勤教授先后为《生态学报》《生态与农村环境学报》《中国生态农业学报》《江西农业大学学报》等学术期刊审稿 20 余篇，为确保学术刊物质量尽了力。

2009 年，江西省生态经济学会共有 50～60 人次参加各类科技咨询活动，为江西生态经济发展和扩大学会影响发挥了积极作用。

七、学术交流

1. 参加国际学术会议

学会名誉理事长王晓鸿、理事长黄国勤、副理事长鄢邦有、理事万金保等于 2009 年 11 月 2—4 日，参加了在湖北武汉召开的“第十三届世界湖泊大会”，并分别在会上做了题为“山江湖工程”“鄱阳湖生态环境保护与开发利用研究综合报告”“鄱阳湖双退区湿地植被恢复技术研究”“鄱阳湖生态环境变化趋势”的学术报告。

此外，还参加了2009年7月31日—8月3日在宁夏金银川召开的“国际旱地保护性耕作学术研讨会”（中国耕作制度研究会西北分会、宁夏大学主办），并提交论文“红壤旱地棉田覆盖种植对棉花生长和农田环境的影响”；2009年8月14—15日在内蒙古兴安盟召开的“第二届国际荒漠化科学技术大会”，并宣读论文“江西土地荒漠化现状及其危害”。

据粗略统计，江西省生态经济学会会员在2009年有20余人次参加了在国内或国外召开的各类国际会议。

2．参加国内学术会议

除了参加国际学术会议之外，学会会员还参加了大量在国内召开的各种学术会议，至少有100余人次，这里列出参加的国内代表性学术会议如下：

2009年4月18日，学会会员多人参加了由江西省生态学会主办的“江西省生态学会第四次会员代表大会暨学术年会”，并有多人在会上做了学术报告。

2009年5月13—16日，参加中国农学会耕作制度分会主办的，在湖南长沙召开的“南方稻田耕作制度改革学术发展研讨会”，并做了题为“南方稻田耕作制度及其可持续发展探讨”的学术报告。

2009年7月19—22日，理事长黄国勤参加了在北京召开的“中国生态学学会第八届全国会员代表大会暨学术年会”，并在分会场上做了题为“新中国成立60年来我国农业生态学的发展”的专题报告。

2009年8月10—11日，黄国勤参加了在贵州省从江县召开的“自然与文化遗产保护论坛（六）：民族文化保护与传统农业发展”学术研讨会，并在会上做了题为“稻田养鱼的价值与效益”的学术报告。

2009年8月15—18日，黄国勤教授参加了在福建福州召开的“第14届全国农业生态学学术研讨会”，并在分会场做了题为“中国农业生态学的发展”的学术报告。

2009年9月21—23日，学会有10名会员参加了在南昌赣江宾馆召开的“全国第十三届水稻优质高产理论与技术研讨会”（由中国作物学会栽培专业委员会主办，江西农业大学、江西省作物学会承办，江西省农业厅、江西省农科院协办）。

2009年10月24—26日，理事长黄国勤教授参加了在湖南长沙召开的“第六届全国生态旅游发展论坛”，并在会上做了题为“人与自然的和谐发展——以江西省婺源县为例”的学术报告。

2009年11月9日，学会多人参加了由江西省科协主办的“江西省科学技术普及创作协会第三次会员代表大会”，黄国勤当选为常务理事。

2009年12月3—5日，学会王晓鸿、黄国勤、鄢邦有等参加了在北京中国科技会堂召开的“中国可持续发展研究会第四次会员代表大会暨2009年学术年会”，黄国勤在会上做了题为“论鄱阳湖区生态文明建设”的学术报告。

2009年12月5日，黄国勤参加了在北京门头沟召开的“门头沟生态建设研讨会——生态修复工作5周年总结会”。

2009年12月7日，黄国勤参加了在北京召开的“第四届中国农学会立体农业分会换届及学术研讨会”，黄国勤当选为新一届理事会常务理事。

2009年12月8日，由江西省科学技术协会主办、南昌市科学技术协会承办的“南昌低碳农业思考学术沙龙会议”在南昌召开，江西省科协梁纯平副主席到会指导并讲话，孙卫民部长、黄丽芬副调研员出席会议，学会理事长黄国勤应邀参加会议，并做了题为“低碳农业的若干问题”的学术报告。

八、发表论文

2009年，学会会员积极撰写学术论文，为繁荣学术研究、多出学术成果起到了积极作用。据不完全统计，一年中学会会员共在各类学术期刊及相关学术会议上发表生态经济、生态环境保护、生态文明建设等方面的论文100余篇，这里列出其中代表性论文若干篇如下：

（1）Huang Guoqin，Shi Qinghua，Wang Shubin，Ou Yizhi，and Sun Weiming，The Comprehensive Report on the Protection of Ecological Environment and Its Exploitation in Poyang Lake —— Outline of Research Project，第十三届世界湖泊大会（13th World Lake Conference）论文摘要汇编，502-503，2009 年 11 月 1—5 日，中国·武汉。

（2）Huang Guoqin，Shi Qinghua，Wang Shubin，Ou Yizhi，and Sun Weiming，The Comprehensive Report on the Protection of Ecological Environment and Its Exploitation in Poyang Lake —— Results of Research Project，第十三届世界湖泊大会（13th World Lake Conference）论文摘要汇编，502-503，2009 年 11 月 1—5 日，中国·武汉。

（3）黄国勤、贺娟芬、赵其国，红壤旱地不同玉米种植系统的生态学功能评价，土壤学报，2009，46（3）：442-451。

（4）黄国勤，改革开放 30 年中国农业的发展——Ⅰ. 成就，中国农学通报，2009，25（10）：296-299。

（5）黄国勤，改革开放 30 年中国农业的发展——Ⅱ. 历程，中国农学通报，2009，25（15）：285-290。

（6）黄国勤，改革开放 30 年中国农业的发展——Ⅲ. 经验，中国农学通报，2009，25（16）：353-356。

（7）黄国勤、黄依南，论鄱阳湖区生态文明建设，中国人口·资源与环境，2009 中国可持续发展论坛，2009，19（专刊）：288-293。

（8）黄国勤，江西现代农业的现状、问题及发展趋势，中国人口·资源与环境，2009 中国可持续发展论坛，2009，19（专刊）：554-562。

（9）黄国勤，新中国成立 60 年来我国农业生态学的演变与发展，中国人口·资源与环境，2009 中国可持续发展论坛，2009，19（专刊）：563-569。

（10）黄国勤，改革开放 30 年我国农业发展的回顾与展望，科技和产业，2009，（9）：19-26（转 79）。

（11）王开磊、黄国勤，江南丘陵区冬季农业的农田生态服务功能价值的定量评估——以江西省余江县冬季绿肥紫云英为例，耕作与栽培，2009，（1）：8-9。

（12）黄国勤，稻田养鱼的价值与效益，耕作与栽培，2009，（4）：49-51。

（13）黄国勤，南方稻田耕作制度可持续发展面临的十大问题，耕作与栽培，2009，（3）：1-2（转 5）。

（14）屠莉莉、黄国勤，浙江舟山群岛海洋旅游业发展研究，海洋信息，2009，（2）：28-31。

（15）刘秀英、黄国勤，不同覆盖条件下旱稻土壤微生物区系及酶活性研究，长江大学学报（自然科学版）农学卷，2009，（2）：15-20。

（16）黄国勤，建立南方防灾减灾型耕作制度体系的思考，安徽农学通报，2009，15（增刊）：292-294。

（17）欧一智、黄国勤，论鄱阳湖区畜牧业生态经济系统的可持续发展，江西农业学报，2009，21（4）：114-118，121。

（18）黄国勤，中国农业生态学的发展，江西农业学报，2009，12（8）：178-181。

（19）黄国勤、刘宜柏、石庆华，新中国成立 60 年来鄱阳湖的研究、开发、利用与保护，江西农业大学学报（社会科学版），2009，8（3）：1-11。

（20）黄国勤，西部地区生态环境问题与生态文明建设，第十一届中国科协年会 6 分会场：西部大开发与生态文明建设学术研讨会论文集，中国科学技术协会、中国生态学会等，2009-09。

（21）王开磊、黄国勤、罗奇祥，等，江南丘陵区稻田多熟种植系统的生态服务价值评估，循环农业科技发展研讨会学术论文摘要汇编，科学技术部农村科技司、中国农业大学循环农业研究中心，2009 年 11 月。

（22）黄国勤，论建设生态文明，中国井冈山干部学院学习贯彻党的十七大精神理论文集，中国井冈山干部学院机关党委编，2009 年 4 月。

九、出版著作

2009年，学会会员共出版各类专著10余部，如：

（1）黄国勤著，《生态文明建设的实践与探索》，北京：中国环境科学出版社，2009年7月。

（2）王晓鸿、鄢邦有、吴国琛、刘青等编著，《山江湖工程创新技术与方法》，北京：科学出版社，2009年11月。

（3）黄国勤主编，《发展中的江西生态经济——江西省生态经济学会第二届会员代表大会暨建设鄱阳湖生态经济区理论与实践学术研讨会文集》，北京：中国环境科学出版社，2009年12月。

（4）黄国勤等编著，《江西冬季农业开发模式及关键技术》，北京：中国农业出版社，2009年12月。

十、组织建设

根据江西省民政厅、江西省科协的指示精神和要求，我们会通过各种途径积极发展新会员，不断壮大队伍，促进事业的发展。

总之，在江西省民政厅、江西省科协的领导下，在全体会员的共同努力下，江西省生态经济学会在2009年度做了一些工作，但还不够，今后要做的工作还很多。我们将加倍努力，争取在2010年做出更大的成就。

江西省生态经济学会

2010年1月4日

江西省生态经济学会 2010 年度工作总结

在江西省民政厅和江西省科学技术协会的领导下，经过理事会和全体会员的共同努力，江西省生态经济学会在 2010 年度做了很多工作，取得了显著成效，完成了预期的各项任务。现简要总结如下。

一、主办会议

1. 主办学术会议

2010 年 4 月 24 日，在江西农业大学成功召开了江西省生态经济学会 2010 年学术年会暨发展低碳经济与建设鄱阳湖生态经济区学术研讨会，出席会议代表 60 余人，会议收到论文、资料近 40 篇，并于会前编印了《论文集》，会后出版了《探索中的江西低碳经济》。

2010 年 10 月 26—27 日，江西省生态经济学会承办的“2010 年促进中部崛起专家论坛——发展低碳经济与建设鄱阳湖生态经济区专题论坛”在南昌胜利举办。来自包括中部六省（河南、山西、湖南、湖北、安徽、江西）在内的全国各地的专家、学者 100 余人参加会议。会议收到论文、资料近 50 篇，并于会前编印了《论文集》，会后出版工作正在进行。

2. 召开常务理事会

2010 年元月 11 日，江西省生态经济学会 2010 年第一次常务理事会在江西农业大学生态科学研究中心召开，黄国勤、肖运萍、谢元态、殷剑敏、李志萌、戴年华等 19 人出席会议，讨论了本年度工作计划。

2010 年 7 月 9 日，江西省生态经济学会 2010 年第二次常务理事会在江西省山江湖委员会办公室三楼会议室召开，黄国勤、鄢帮有、肖运萍、殷剑敏、戴年华、王淑彬等 9 人出席会议，会议总结了上半年工作，制订学会下半年工作计划。

二、学术考察

2010 年 1 月 27—28 日，学会理事长黄国勤带领有关科技人员到铅山县就污染土地恢复治理进行考察。

2010 年 8 月 22 日，黄国勤作为江西省政协人资环委专家组成员，到省地震局参加了江西省政协人资环委组织的“江西省防震减灾工作考察”活动。

2010 年 8 月 23—27 日，黄国勤等到修水、武宁、黎川、宜黄四县参加省政协人资环委组织的“江西省小水电健康有序发展专题调研”活动。

2010 年 9 月 3—5 日，黄国勤带领有关科技人员到中国科学院广西环江喀斯特生态站考察。

2010 年 9 月 26—30 日，黄国勤参加江西省政协人资环委组织的“江西省城镇污水处理建设运行情况”调研，到赣南 18 个县市实地考察和调研。

2010 年 10 月 12—13 日，黄国勤带领有关科技人员到中国科学院亚热带农业生态研究所进行科研考察。

2010 年 10 月 29 日—11 月 1 日，为农业部主办、江西省农业国际交流协会承办的《亚洲生态农业培训班》授课，授课内容分别为“江西生态农业发展与现状”“现代农业科技示范及技术集成”。

2010 年 10 月 31 日，到安义县参加江西省政协人资环委组织的“江西省有色地质勘查工作”考察。

三、学术交流

2010年学会会员积极参加全国或全省性的学术交流活动，并作大会报告或小组学术交流：

2010年5月20日，黄国勤等参加江西农业大学“鄱阳湖生态经济区建设论坛”，提交论文3篇，并在大会上做了题为“近年来鄱阳湖生态系统结构与功能演变及其原因分析”的学术报告。

2010年5月6—7日，黄国勤参加在上海召开的“中国环境科学学会2010年学术年会——‘十二五’环境保护规划咨询会暨全球华人科学家环境论坛”，提交论文“低碳经济及其国内外的新进展”并作大会交流。

2010年6月24—25日，黄国勤参加了在鄱阳县召开的“全省人大鄱阳湖高效生态农业发展研讨会”，并做了题为“鄱阳湖生态经济区高效生态农业发展模式、对策和措施研究”的专题报告。

2010年7月24—26日，黄国勤参加由中国科学技术协会调研宣传部主办的“中国科协决策咨询工作培训班”的学习与交流。

2010年9月24—26日，黄国勤参加在井冈山召开的“生物多样性保护、自然保护区管理与可持续利用研讨会暨生态安全与外来有害生物入侵控制学术研讨会”，提交论文“鄱阳湖生态经济区生物多样性面临的问题及对策”并作大会交流。

2010年9月18—19日，由中国农学会耕作制度分会主办、中国农业大学组织、山东农业大学承办的“中国农学会耕作制度分会成立30周年暨2010年学术年会”在山东泰安市泰山脚下泰山饭店和山东农业大学召开，学会会员曹开蔚、蒋海燕等参加，并提交多篇研究论文供会议交流。

2010年10月22—24日，“2010中国可持续发展论坛暨中国可持续发展研究会学术年会”在山东济南举行。中国科协常务副主席、书记处第一书记、中国可持续发展研究会理事长邓楠出席开幕式并作主旨报告。黄国勤提交的2篇论文入选会议论文集公开发表。

2010年11月6—8日，黄国勤参加在浙江杭州召开的“中国生态经济学会2010年年会”（中国生态经济学会主办，浙江理工大学承办），提交论文“江西生态农业发展历程”并在分会场作学术交流。

2010年11月12—16日，黄国勤参加在江西南昌召开的“2010中国水环境污染控制与生态修复技术高级研讨会”，并在第三分会场做了题为“发展高效生态农业 保护鄱阳湖‘一湖清水’”的学术报告。

2010年11月6—8日，学会派员参加了由中国生态学会旅游生态专业委员会主办的在福建三明市泰宁县召开的“第七届中国生态旅游发展论坛暨首届海峡两岸生态旅游高峰论坛”，并参加相关考察活动。

2010年12月25日，黄国勤、王淑彬等参加江西省作物学会2010年学术年会，并在大会上做了“低碳经济、低碳农业与低碳作物生产”的学术报告。

四、学术咨询

2010年9月13日，黄国勤参加江西农业大学2010级研究生开学典礼，并在大会上以博士研究生导师的身份做了题为“学习井冈山精神 争优合格研究生”的大会发言。

2010年9月21日，黄国勤参加宜春市委、市政府主办的“明月山温泉休闲度假产业高峰论坛”，并做了题为“明月山温泉休闲度假产业可持续发展的几个问题”的专题报告。

2010年黄国勤多次参加江西省科技厅主持的“十二五”科技发展规划的编制工作。参加国家科技支撑计划项目“避洪农业模式与关键技术研究”的申报工作，参加“作物学”一级学科博士点的申报工作，参与“鄱阳湖流域农业生态工程技术”省级重点实验室的申报工作；2010年为《安全与环境学报》《土壤》《江西农业大学学报》等学术刊物审稿10余篇，等等。

五、科学研究

学会理事长黄国勤、秘书长王淑彬等同志参与了由江西省科协书记龚绍林、副主席梁纯平主持的中国科协调研课题“鄱阳湖生态经济区高效生态农业发展模式研究”的有关工作。

黄国勤主持完成的“鄱阳湖地区种植业区划研究”课题通过江西省科技厅组织的专家鉴定，认为研究成果达到“国内领先水平”，2010 年 4 月 20 日。

黄国勤主持完成的“红壤旱地保护性耕作的优化模式及关键技术研究与示范”课题通过江西省科技厅组织的专家鉴定，认为研究成果达到“国内先进水平”，2010 年 4 月 20 日。

黄国勤主持完成的“红壤旱地农业生态系统的结构创新与模式优化研究”课题，于 2010 年 6 月 30 日通过教育厅组织的专家鉴定，研究成果达到“国内领先水平”。

黄国勤主持完成的“长江中下游江西省双季稻保护性耕作技术集成示范”课题，于 2010 年 6 月 30 日通过江西省科技厅组织的专家鉴定，研究成果达到“国内领先水平”。

六、开展科普活动

学会于 2010 年 4 月 21 日邀请了西北农林科技大学王立祥教授到江西农业大学做了题为“现代化与现代农业”的学术报告。

2010 年 3—12 月，结合承担国家科技支撑计划项目“江南丘陵区农田循环生产关键技术与示范推广”课题的试验、示范和研究工作，学会理事长黄国勤主持该项工作，王淑彬、欧一智等参加，在余江县普及推广农田循环生产模式与技术。

七、发表学术论著

1．出版著作

（1）黄国勤主编，《探索中的江西低碳经济》（江西省生态经济学会学术著作），北京：中国环境科学出版社，2010 年 10 月。

（2）黄国勤主编，《农家生态旅游百问百答》，北京：中国农业出版社，2010 年 5 月。

（3）黄国勤（编委），《鄱阳湖流域农业与生态研究》，南昌：江西科学技术出版社，2010 年 10 月。

（4）黄国勤著，《鄱阳湖生态环境保护与资源开发利用研究》，北京：中国环境科学出版社，2010 年 12 月。

2．发表论文

（1）Huang Guoqin. Status of Land Desertification and Its Effects in Jiangxi Province，China. Journal of Agriculture，Biotechnology and Ecology，2010，3（2）：30-36。

（2）黄国勤，鄱阳湖生态经济区高效生态农业的发展，中国农学通报，2010，26（22）：306-312。

（3）黄国勤、贺娟芬、王翠玉、王开磊、杜传莉，红壤旱地棉田覆盖种植对棉花生长和农田生态环境的影响，中国农学通报，2010，26（7）：336-342。

（4）刘秀英、黄国勤（通信作者），不同旱稻品种在南方红壤地区抗旱适应性评价，云南农业大学学报，2010，25（1）：49-57（转 74）。

（5）黄国勤、罗奇祥、李祖章，江南丘陵区循环农业的模式、途径与技术，江西农业大学学报（社会科学版），2010，9（1）：94-99。

（6）黄国勤，推进鄱阳湖生态经济区低碳农业的发展，江西农业学报，2010，22（6）：178-180。

（7）王开磊、黄国勤、罗奇祥、李祖章，江南丘陵区稻田多熟种植系统的生态服务价值评估，江西农业学报，2010，22（11）：157-160。

（8）黄国勤，鄱阳湖生态经济区高效生态农业发展模式、对策和措施研究，时代主人，2010 年增刊（总第 320 期）：12-17。

（9）黄国勤，建设鄱阳湖生态水利枢纽工程利弊之分析，鄱阳湖学刊，2010（5）：21-26。

（10）黄国勤等，鄱阳湖生态环境保护与开发利用研究综合报告——Ⅰ.研究概况，《第十三届世界湖泊大会论文集》（下册），中国环境科学学会主编，北京：中国农业大学出版社，2010 年 4 月，2386-2391。

（11）黄国勤等，鄱阳湖生态环境保护与开发利用研究综合报告——Ⅱ.研究成果，《第十三届世界湖泊大会论文集》（下册），中国环境科学学会主编，北京：中国农业大学出版社，2010 年 4 月，2392-2401。

（12）黄国勤、黄依南，低碳经济及其国内外的新进展，中国环境科学学会学术年会论文集 2010（第一卷），中国环境科学学会编，北京：中国环境科学出版社，2010 年 8 月，146-151。

（13）黄国勤，鄱阳湖生态经济区稻田耕作制度可持续发展研究，中国农作制度研究进展 2010，济南：山东科学技术出版社，2010 年 9 月。

（14）黄国勤、祝志辉、王超、王开磊、林青、罗奇祥、高旺盛，不同种植密度对超级稻产量及生理生态的影响，《探索中的江西低碳经济》，北京：中国环境科学出版社，2010 年 10 月，27-45。

（15）黄国勤、祝志辉、王超、王开磊、林青、罗奇祥、高旺盛，不同施氮量对超级稻生理生态及产量的影响，《探索中的江西低碳经济》，北京：中国环境科学出版社，2010 年 10 月，46-68。

（16）黄国勤，低碳经济及其实践与探索——以江西为例，《探索中的江西低碳经济》，北京：中国环境科学出版社，2010 年 10 月，109-115。

（17）黄国勤，论山区生态经济与循环农业发展，《探索中的江西低碳经济》，北京：中国环境科学出版社，2010年10月，128-138。

（18）欧一智、黄国勤，江西省主要农产品（稻、棉、油）生态经济效益与生态压力的分析及评价，《探索中的江西低碳经济》，北京：中国环境科学出版社，2010年10月，155-164。

（19）黄国勤、赵小敏、石庆华、王淑彬等，鄱阳湖地区种植业区划研究综合报告——Ⅰ．研究概况，《探索中的江西低碳经济》，北京：中国环境科学出版社，2010年10月，215-222。

（20）黄国勤、赵小敏、石庆华、王淑彬等，鄱阳湖地区种植业区划研究综合报告——Ⅱ．研究成果，《探索中的江西低碳经济》，北京：中国环境科学出版社，2010年10月，223-248。

（21）黄国勤，近年来鄱阳湖生态系统结构与功能的演变及其原因分析，《鄱阳湖流域农业与生态研究》，南昌：江西科学技术出版社，2010年10月，23-30。

（22）黄国勤，论鄱阳湖生态经济区休闲农业的发展，中国人口•资源与环境，2010，20（专刊）：337-341。

（23）黄国勤，建设鄱阳湖生态水利枢纽工程的必要性与可行性分析，中国人口•资源与环境，2010，20（专刊）：388-392。

八、队伍建设

发展了一批新会员，目前已有42人提交了新会员申请表。

江西省生态经济学会

2010年12月30日

江西省生态经济学会 2011 年度工作总结

在中国科协、江西省民政厅和江西省科学技术协会的领导下，在江西农业大学的支持下，经过理事会和全体会员的积极努力工作，江西省生态经济学会的工作在 2011 年度取得显著的成效，完成了预期的各项任务。现简要总结如下。

一、主办学术沙龙

2011 年 1 月 20 日，由江西省科协主办，江西省生态经济学会承办的“江西省科协系列学术沙龙第 28 期——鄱阳湖生态经济区高效生态农业发展学术沙龙”在江西农业大学校友楼举行。来自江西省委政策研究室、南昌大学、江西师范大学、江西农业大学的专家、学者 20 余人参加了会议。江西省科学技术协会龚绍林书记到会指导并讲话，江西农业大学党委书记石庆华、校长黄路生出席沙龙并致辞。沙龙由江西省科学技术协会副主席梁纯平主持。

沙龙以鄱阳湖生态经济区高效生态农业发展为主题，展开研讨，江西省生态经济学会理事长、江西农业大学首席教授黄国勤首先做了题为“论高效生态农业”的精彩报告；江西农业大学经贸学院教授朱述斌做了题为“鄱阳湖生态经济区现代农业发展道路选择”的报告，江西农业大学林学院郭晓敏教授、南昌大学万金保教授、江西师范大学鄱阳湖生态中心陈晓玲教授等也在会上做了学术报告。与会专家围绕主题进行广泛而深入地探讨，提出了许多意见和建议。

二、召开学会理事会

2011 年 10 月 19 日，江西省生态经济学会 2011 年第一次常务理事会在江西农业大学农学院四楼会议室召开，黄国勤、肖运萍、谢元态、欧阳延生、殷剑敏、王淑彬、刘志飞、江绍琳 8 人出席会议，会议由江西农业大学首席教授、江西省生态经济学会理事长黄国勤主持。

会议着重就以下三个问题进行了讨论：

（1）总结了学会今年的工作，研究、制订了学会 2012 年的工作计划。

（2）会议就 2012 年江西省生态经济学会与中国生态经济学会生态经济教育委员会联合举办“中国生态经济建设 2012 • 南昌论坛”学术会议的有关事项进行了商讨。

（3）关于 2012 年学会决策咨询项目题目，代表们提出了若干建议。

三、学术考察

2011 年 5 月 18—19 日，学会理事长黄国勤参加省科协组织的万载县有机农业发展问题专题调研活动，并写出调研报告。

2011 年 7 月 12 日，学会理事长黄国勤作为江西省政协人口资源环境委员会专家组成员，参加了省政协人资环委组织的赴江西南方水泥有限公司进行的专题考察活动。

2011 年 7 月 14 日，学会理事长黄国勤参加省科协组织的进贤县高效生态农业发展问题专题调研活动，并写出调研报告。

2011 年 8 月 12 日，学会理事长黄国勤作为江西省政协人口资源环境委员会专家组成员，参加了省政协人资环委组织的考察活动，赴省水利厅考察调研鄱阳湖水利枢纽工程建设前期准备工作。

2011 年 9 月 3—5 日，学会理事长黄国勤赴星子县、鄱阳县考察湖区高效生态农业模式、洲滩季节性草地资源开发利用。

2011 年 9 月 14—18 日，学会理事长黄国勤作为江西省政协人口资源环境委员会专家组成员，参加了省政协人资环委组织的调研活动，就“农业气象服务体系、农村气象灾害防御体系建设情况”，赴鹰潭（贵溪）、上饶（玉山）、九江（湖口）进行实地调研。

2011 年 9 月 21—22 日，学会理事长黄国勤参加南昌市发改委、工信委主持的“南昌市全民创业专项资金项目评审会”。

2011 年 9 月 26 日，学会理事长黄国勤作为江西省政协人口资源环境委员会专家组成员，参加了省政协人资环委组织的考察活动，就目前全省建材行业节能减排工作，赴上高南方水泥有限公司进行了专题考察。

2011 年 10 月 24—28 日，学会理事长黄国勤作为江西省政协人口资源环境委员会专家组成员，在省政协人资环委的组织下，先后前往进贤县、余干县和鄱阳县，就“鄱阳湖渔业资源利用与保护情况”进行调研。

四、学术咨询

学会理事刘信中 2011 年 10 月参加了省人大环资委“江西省湿地保护条例”的科技咨询项目。

学会理事刘信中 2011 年 12 月参加了环保部“鄱阳湖区综合治理规划环境影响报告书”的审查。

五、科学研究

学会理事长黄国勤、秘书长王淑彬等同志参与了由江西省科协书记龚绍林、副主席梁纯平主持的中国科协调研课题“鄱阳湖生态经济区高效生态农业发展模式研究”的有关工作。并于 2011 年 11 月顺利结题，由课题组撰写的决策咨询建议获得了苏荣书记的批字。

六、国际国内学术交流

2011 年 9 月 21—22 日，学会理事长黄国勤参加第十三届中国科协年会第六分会场“绿色经济与沿海城市可持续发展战略国际研讨会”（The 6th Session of the 13th Annual Meeting of China Association for Science and Technology “International Symposium on Green Economy and Sustainable Development Strategies of Coastal Cities”），并在会上做了“Exploration and Practices of Green Rising in Jiangxi Province”的学术报告。

2011 年 6 月 9—12 日，学会理事长黄国勤参加由联合国粮农组织主办，中国科学院地理科学与资源研究所承办的“全球重要农业文化遗产国际论坛”(International Forum on Globally Important Agricultural Heritage Systems)，并在会上做了“东乡野生稻的发现、价值与保护”［The Discovery，Value and Protection of Dongxiang Wild Rice（Oryza rufipogon Griff.）in China］的学术报告。

2011 年 7 月 19—22 日，学会理事长黄国勤参加“中国生态经济建设·2011 北理工论坛”，并在大会上做了“江西省万载县有机农业的发展”的大会报告。

2011 年 7 月 28—31 日，学会理事长黄国勤参加第 15 届中国农业生态学学术研讨会，并在会上做了“江西省余江县农田水利建设状况调查报告”的学术报告。

2011 年 8 月 17—18 日，学会理事长黄国勤参加中国环境科学学会 2011 年学术年会，并在会上做了“江西省土壤重金属污染研究”的学术报告。

2011 年 8 月 24—26 日，学会理事长黄国勤参加全国第十四届水稻优质高产理论与技术研讨会，提交的会议论文“广西稻田耕作制度的改革与发展”入选会议《论文摘要汇编》。

2011 年 10 月 21—23 日，学会理事长黄国勤参加中国生态学学会 2011 年学术年会，并在会上做了“广西红壤生态问题及对策”的学术报告。

2011 年 10 月 24—26 日，学会理事长黄国勤参加中国农业历史学会第五届会员代表大会暨第二届中国农业文化遗产保护论坛，并在会上做了“东乡野生稻：‘国宝级’的农业文化遗产”的学术报告。

2011 年 11 月 18—19 日，学会理事长黄国勤参加 2011 中国可持续发展论坛暨中国可持续发展研究会学术年会，并在会上做了“江西省土壤重金属污染的区域分布规律研究”的学术报告。

2011 年 11 月 24—25 日，学会秘书长王淑彬应邀参加了菌物学会举办的学术会议，并做了相关学术报告。

2011 年 11 月 28 日—12 月 2 日，学会会员袁展汽应邀参加了“第九届亚洲木薯研讨会”会议。

2011 年 12 月 9—10 日，学会理事长黄国勤参加中国农学会立体农业分会暨庭院经济分会学术研讨会，提交论文“江西粮食发展研究——Ⅰ. 战略地位”，作大会报告。

2011 年 12 月 10—11 日，学会理事长黄国勤参加首届中国湖泊论坛，并在会上作了“保护鄱阳湖‘一湖清水’的重大意义及战略对策”的学术报告。

2011 年 12 月 24—25 日，学会秘书长王淑彬参加了植保、昆虫、植病学会举办的学术会议，并提交了学术论文。

七、开展科普活动

2011 年 6 月 16 日，学会会员汪瑞清在江西省樟树市吴城乡举办了“芝麻高产栽培技术培训”技术培训班。

2011 年 9 月 13 日，学会理事长黄国勤为江西省委组织部、江西省农业厅主办，江西农业大学党委组织部承办的“新疆克州农业干部培训班”授课，授课内容为：国内外前沿农业发展概况。

2011 年 9 月 28 日，学会会员袁展汽在东乡县圩上桥镇梧城源村开展木薯产业化技术培训，培训村组干部、木薯种植户，东乡县科协人员、县委宣传部人员等共计 70 多人。

八、出版学术著作

（1）黄国勤（副主编），《农业生态学原理》，上海：上海交通大学出版社，2011 年 3 月。

（2）黄国勤主编，《农家生态旅游百问百答》（国家重点图书），北京：中国农业出版社，2011 年 4 月。

（3）赵其国、黄国勤主编，《低碳经济理论与实践》，北京：中国环境科学出版社，2011 年 4 月。

（4）黄国勤著，《探索鄱阳湖生态经济区建设》，北京：中国环境科学出版社，2011 年 6 月。

（5）黄国勤（参著），《鄱阳湖地区农业地质环境与农业资源可持续利用研究》，北京：地质出版社，2011 年 6 月。

（6）黄国勤等著，《鄱阳湖区农业生态系统可持续发展研究》，北京：中国环境科学出版社，2011 年 11 月。

江西省生态经济学会

2011 年 12 月 30 日

江西省生态经济学会 2012 年度工作总结

在中国科协、江西省民政厅和江西省科学技术协会的领导下，在江西农业大学的支持下，经过理事会和全体会员的积极努力工作，江西省生态经济学会的工作在 2012 年度取得显著的成效，完成了预期的各项任务。现简要总结如下。

一、主办学术会议

2012 年 7 月 19—22 日，由中国生态经济学会生态经济教育专业委员会主办、江西省生态经济学会承办的“中国生态经济建设 2012 • 南昌论坛”，于 7 月 20 日在江西农业大学和井冈山召开。会议邀请了江西省人大常委会副主任胡振鹏，校党委书记石庆华、校长黄路生、副校长陈金印，江西省科协副主席梁纯平，中国生态经济学会副秘书长于法稳、中国生态经济学会生态经济教育专业委员会主任刘思华出席仪式，我校科技处、农学院等单位负责同志及大会代表参加了开幕式。江西省生态经济学会理事长黄国勤主持仪式。梁纯平、于法稳、刘思华等分别在仪式上致辞。开幕式结束之后，胡振鹏主任在会上做了“绿色崛起与鄱阳湖生态经济区建设”的精彩报告。肖建中、严立东等专家分别做了题为“发展休闲养生经济推进生态文明建设”“绿色农业理论建构与实践运用研究”的学术报告。

本次大会以“发展生态经济，促进绿色崛起”为主题，具有时代性、国际性、创新性的特点，代表了当今世界可持续发展的前沿和方向。

二、召开学会理事会

2012年3月22日，江西省生态经济学会2012年第一次常务理事会在江西农业大学农学院四楼会议室召开，黄国勤、鄢帮有、肖运萍、谢元态等出席会议，会议由江西农业大学首席教授、江西省生态经济学会理事长黄国勤主持。会议主要学习、传达了江西省科协近期召开的有关会议精神，研讨了学会近期的工作，推荐了中国生态经济学会第八届理事会理事候选人。根据中国生态经济学会“关于第八届理事会理事推选工作的通知”的精神和要求，会议通过讨论，决定推荐专家学者代表黄国勤、李志萌、肖运萍，企业家代表徐美康，管理人员代表鄢帮有5人为中国生态经济学会第八届理事会理事候选人，上报中国生态经济学会审核、批准。

2012年5月17日，江西省生态经济学会2012年第二次常务理事会在江西省气象局省气候中心召开，出席会议的人员有：黄国勤、肖运萍、李志萌、殷剑敏、王淑彬等近10人，会议由江西省生态经济学会理事长、江西农业大学首席教授、博士生导师黄国勤主持。会议首先学习和传达了中国生态经济学会、江西省科学技术协会的有关文件和会议的精神。通报了由中国生态经济学会生态经济教育专业委员会主办，江西省生态经济学会承办的，定于2012年7月19—22日在南昌和井冈山召开的“中国生态经济建设2012·南昌论坛”的筹备及进展情况，并就有关具体事宜进行了商讨。

三、国际国内学术交流

2012年5月30日在江西农业大学农学院拾禄楼四楼农学会议室，江西省生态经济学会接待了印方来访专家：Paulus Rudolf Yuniarto，Erlita Tantri，M.A.，Saiful Hakam，以及翻译人员，一行4人。就江西及长江中下游洪涝灾害发生发展规律及防灾减灾方面的研究与进展做了交流。

2012 年 9 月 21 日，省政协副主席刘晓庄率人口资源环境委员会专家组一行来江西农业大学考察生态学学科发展情况，江西省生态经济学会理事长黄国勤具体负责组织接待工作，并就江西省及江西农业大学生态学学科发展状况做了专题汇报。

2012 年 10 月 22 日，江西省生态经济学会理事长黄国勤邀请青岛大学国际商学院教授、博士生导师姜学民到江西农业大学生态科学研究屷做了“全球十大生态系统面临的现状、问题及其治理对策”的学术报告。

四、社会活动与科技服务

2012 年 3 月 15 日，学会理事长黄国勤作为国家社科基金项目通信评审专家，评审 2012 年度国家社科基金项目申报书 23 份。

2012 年 4 月 5 日，学会理事长黄国勤作为省政协人资环委专家组成员，参加了省政协人资环委专家组考察省科学院研讨“鄱阳湖保护与发展科技创新”的学术活动。

2012 年 4 月 9 日，学会理事长黄国勤作为国家红壤改良工程技术中心首届工程技术委员，出席在南昌召开的首届工程技术委员会大会。

2012 年 4 月 13 日，学会理事长黄国勤到萍乡市芦溪县为“江西省农函大芦溪县村党组织书记、主任现代农业知识培训示范班”授课，授课内容为：现代农业模式、技术与趋势。

2012 年 5 月 12 日，学会理事长黄国勤作为评审会专家，参加“九江学院首届科研创新团队评审会”。

2012 年 5 月 20 日，接受《江西日报·江报直播室》记者肖蓓的专题采访，就“一场洪灾，逼生米藠头闯新路”进行了分析，并发表了个人看法。该采访的主要内容（文字和视频）在《大江网-江西日报》（http：//www.jxnews.com.cn，

2012-05-25）发表。

2012 年 8 月 17 日，学会理事长黄国勤参加上饶县国家级农业科技示范园评审，并出席上饶市召开的“全省农业科技园区经验交流会”。

2012 年 9 月 3 日，学会理事长黄国勤出席在江西省农函大召开的“省农函大教师座谈会”。

2012 年 11 月 15 日，学会理事长黄国勤接受《江西晨报·地理志》首席记者石婷婷专题采访，采访内容在当天的江西晨报以“稻香鱼肥江西大地”为题刊出。

2012 年 11 月 20 日，学会理事长黄国勤为中国人民财产保险股份有限公司举办的“农产品贮运输与保险”培训班授课，授课内容为：农业发展、农产品分布与农业保险。

五、主要学术著作

（1）黄国勤主编，江西绿色农业，中国环境科学出版社，2012 年 2 月。

（2）赵其国、黄国勤主编，广西农业，黄河出版传媒集团、阳光出版社，2012 年 6 月。

（3）刘思华、黄国勤主编，生态经济与绿色崛起，中国环境科学出版社，2012 年 7 月。

（4）黄国勤编著，农业现代化概论，中国农业出版社，2012 年 12 月。

（5）李志萌等合著，区域中心城市论，江西人民出版社，2012 年 9 月。

（6）李志萌等合著，中部崛起战略评估与政策调整——对江西省的实地调研，经济管理出版社，2012 年 7 月。

六、学会科研

江西省生态经济学会申报的 2012 年度江西省科协决策咨询项目“鄱阳湖生态

经济区冬季农业发展研究”获得立项。

七、会员发展情况

2012年新发展会员7人。

江西省生态经济学会

2012年12月26日

江西省生态经济学会 2013 年度工作总结

在中国科协、江西省民政厅和江西省科学技术协会的领导下，在江西农业大学的支持下，经过理事会和全体会员的积极努力工作，江西省生态经济学会的工作在 2013 年度取得显著的成效，完成了预期的各项任务。现简要总结如下。

一、积极承办全国性学术会议

2013 年 10 月 17—20 日，中国生态学学会第九届全国会员代表大会暨 2013 年学术年会在南昌召开。来自全国各地的 1 200 余位生态学研究专家、学者云集南昌，围绕“面向国家需求、促进生态学科发展”的主题，深入探讨生态文明与美丽中国建设等前沿问题。

中国工程院院士李文华、王如松，中国科学院院士赵其国，江西农业大学校长、中国科学院院士黄路生，副校长陈金印，中国科协学术部、环保部、国家林业局、国家自然科学基金委、中国科学院等单位的领导、专家应邀出席开幕式。

江西农业大学副校长陈金印、中国生态学会理事长刘世荣、中国科协学术部副部长范唯、环保部自然生态司司长庄国泰等分别在大会上致辞，对年会召开表示热烈祝贺。陈金印在致辞中介绍了江西作为生态大省，实施绿色崛起、生态立省战略的基本情况，衷心感谢并欢迎兄弟院校、科研院所和各位专家进一步与江西农业大学开展科技交流与合作。

中国工程院院士李文华、王如松，中国科学院院士赵其国分别围绕中国生态学研究的进展与展望、“五位一体”建设生态文明的几个科学问题、中国南方红壤生态系统面临的问题及对策等主题做了大会特邀报告。

与会学者围绕中国生态文化与生态文明、全球变化背景下的生态恢复、森林生态系统对气候变化的影响与适应等15个分论坛，各抒己见，发表了精彩的学术报告。

大会期间，与会代表还就学会理事会换届等工作事宜进行了选举表决。大会选举产生了中国生态学会第九届理事会常务理事、理事长、副理事长等人选。大会还就学会中的先进集体、先进工作者、第三届青年科技奖获得者、本次学术年会青年优秀报告奖获得者等一系列先进进行了表彰。

本次学术年会由中国生态学会主办，江西农业大学、江西省科学院、南昌工程学院承办，江西省生态学会、江西省生态经济学会等单位协办。

二、召开学会常务理事会

2013年4月20日，江西省生态经济学会2013年第一次常务理事会（扩大）会议在江西农业大学农学院四楼会议室召开，黄国勤、鄢帮有、肖运萍、殷剑敏、等出席会议，会议由江西农业大学首席教授、江西省生态经济学会理事长黄国勤主持。科协学会部部长孙卫民和九江学院鄱阳湖生态经济研究中心杨期勇主任作为特邀嘉宾参加了此次会议。会议主要学习、传达了江西省科协近期召开的有关会议精神；研讨了学会近期的工作，并主要讨论了关于2013年10月中国生态学学会2013年学术年会在南昌召开的主要事宜。

三、参加国际国内学术交流活动

2013年8月20日，理事长黄国勤参加了中国农学会耕作制度分会在甘肃兰州召开的“第四届国际农作制度设计大会”。

2013 年 8 月 17 日，理事长黄国勤和秘书长王淑彬参加了中国生态经济学会生态经济教育委员会在浙江杭州举办的“2013 中国生态经济建设·杭州论坛”。

2013 年 11 月，秘书长王淑彬参加了江西省植物生理学会、江西省作物学会和江西省昆虫学会主办的 2013 年学术年会。并在前两个会议上做了专题报告。

四、社会活动与科技服务

2013 年 4 月 14 日，秘书长王淑彬在江西万年县陈营镇进行了“鄱阳湖生态经济区冬季绿色高效循环农业”的专题培训工作。

2013 年 7 月 21 日，理事长黄国勤为江西省社会科学联合会主办的《社科大讲堂》做专题报告：生态环境形势与“秀美江西”建设。

2013 年 11 月 25 日，理事长黄国勤在《乐平市现代农业发展报告会》上做了题为“现代农业与规模化生产”的学术报告。

五、主要学术著作

（1）黄国勤（副主编），《生态高值农业：理论与实践》，科学出版社，2013 年 8 月。

（2）黄国勤（副主编），《中国粮食问题：中国粮食生产能力提升及战略储备》，阳光出版社，2013 年 3 月。

六、会员发展情况

2013 年新发展会员 5 人。

江西省生态经济学会

2013 年 12 月 22 日

江西省生态经济学会 2014 年度工作总结

在中国科协、江西省民政厅和江西省科学技术协会的领导下，在江西农业大学的支持下，经过理事会和全体会员的积极努力工作，江西省生态经济学会的工作在 2014 年度取得显著的成效，完成了预期的各项任务。现简要总结如下。

一、建立科技服务站

在江西省科协、江西省财政厅的大力支持下，江西省生态经济学会科技服务站于 2014 年 6 月获得批准，并于 2014 年 11 月 4 日在万年县农科所举行了“江西省生态经济学会科技服务站揭牌仪式”。

二、召开常务理事会

2014 年学会召开了 2 次常务理事会，讨论、研究了学会有关工作。

1. 第一次常务理事会

2014 年 2 月 26 日，江西省生态经济学会 2014 年第一次常务理事（扩大）会在江西农业大学农学院四楼农学会议室召开，黄国勤、肖运萍、殷剑敏、戴年华、王淑彬、江绍琳等 10 余人出席会议，会议由江西省生态经济学会理事长、江西农业大学首席教授黄国勤主持。

会议主要完成了以下几项议程：

（1）由学会秘书长王淑彬通报了学会 2013 年年度工作和 2014 年工作计划。

（2）通过民主选举，一致推荐理事长黄国勤为江西省科协第七次会员代表大会代表候选人。

（3）围绕学会2014年拟开展的工作进行了讨论。学会副理事长肖运萍提出，学会可以组织人力争取科协的决策咨询课题，发挥学会的学术力量。常务理事戴年华认为，学会应该多进行学术交流，可以采取学术沙龙的形式，另外还可以多发展一些学者为会员。常务理事殷剑敏也就学会工作发表了自己的意见。会议还研讨了学会其他有关方面的工作。

（4）理事长黄国勤作总结讲话。

2．第二次常务理事会

2014年12月27日，江西省生态经济学会2014年第二次常务理事（扩大）会在万年县神农大酒店召开，黄国勤、殷剑敏、戴年华、王淑彬等10余人出席会议，会议由江西省生态经济学会理事长、江西农业大学首席教授黄国勤主持，会议总结了2014年的主要工作，并对2015年学会工作进行了讨论。

三、举办学术年会

2014年12月27—28日，江西省生态经济学会在江西省万年县神农大酒店召开了“第三届江西省科协学术年会第37分会场暨江西省生态经济学会2014年学术年会”，来自江西农业大学、江西师范大学、省气象局、省科学院、省林科院等单位的50余名专家代表参加会议。会议由江西省生态经济学会理事长、江西农业大学首席教授黄国勤主持。

万年县人民政府副县长江德明出席开幕式并致辞。黄国勤、戴年华、王淑彬等8位专家就江西省生态文明先行示范区建设的理论、实践及未来发展趋势等问题作大会专题报告。大会共收到交流论文26篇。

四、主办学术报告会

2014 年 10 月 16 日，江西省生态经济学会主办了学术报告会，邀请中国科学院动物研究所盛承发研究员在江西农业大学做学术报告，报告题目：害虫生态防治研究与应用。

五、参加国际、国内学术交流

2014 年 5 月 8 日，学会理事长黄国勤参加在北京中国科技会堂召开的科技导报社“读者俱乐部”成立仪式暨第一次沙龙活动，并成为科技导报社“读者俱乐部”首批会员。

2014 年 5 月 23—25 日，学会理事长黄国勤参加在云南昆明召开的第十六届中国科协年会，并在第四分会场“民族文化保护与生态文明建设学术研讨会”作分会场专题报告，报告题目为：生态文明若干问题探讨。

2014 年 6 月 21 日，学会理事长黄国勤参加江西省系统工程学会第三次会员代表大会，并在会上作专题报告：“农业系统工程若干问题探讨”。

2014 年 8 月 14—16 日，学会理事长黄国勤参加在福建福州召开的中国热带作物学会生态环境专业委员会第三届学术研讨会，并在会上作大会报告：“循环农业的提出、内涵及重大意义”。

2014 年 9 月 17—19 日，学会理事长黄国勤参加第 13 届中国生态学大会，并在“农业生物多样性与农业生态安全”分会场作报告：“论循环农业的发展趋势”。

2014 年 10 月 17—19 日，学会理事长黄国勤参加在河南郑州召开的中国农学会耕作制度分会 2014 年学术年会，并在大会上作了“当前我国耕作制度发展面临的问题及对策”的专题报告。

2014 年 11 月 14—16 日，学会理事长黄国勤参加中国生态经济学学会 30 周年庆典暨2014年学术年会，在第二分会场“现代农业与生态农业专题”上作分会场专题报告，报告题目：循环农业的产生、含义及生态经济特征。

2014年12月19—21日，学会理事长黄国勤在湖南长沙（中国科学院亚热带农业生态研究所）参加中国生态学学会农业生态专业委员会会议暨农业生态过程观测研究平台建设研讨会。

2014年12月23日，学会理事长黄国勤应邀在南昌核工宾馆召开的第三届江西省科协学术年会第30分会场暨“循环农业与资源高效利用”研讨会上作专题学术报告，报告题目为：“循环农业：内涵、特征与模式”。

2014年11月，秘书长王淑彬参加了中国农学会在昆明举办的现代农业发展论坛。

2014年12月，秘书长王淑彬参加了江西省作物学会和南昌市生物学会主办的2014年学术年会。

六、社会活动与科技服务

2014年7月14—18日，学会理事长黄国勤参加了江西省政协人资环委组织的“全省污水处理设施建设及运行情况”专题调研，分赴崇仁县、宜黄县、抚州市、金溪县、贵溪市、鹰潭市、弋阳县、广丰县、玉山县、上饶市、鄱阳县等地考察调研。

2014年11月13日，学会理事长黄国勤为农业部主办、江西省农业国际交流协会承办的“亚洲生态农业培训班”（Workshop on Ecological Agriculture in Asia）授课，授课内容为：“生态农业发展”（The Development of Ecological Agriculture in China）。

2014年11月4日，江西省生态经济学会科技服务站揭牌仪式在万年县农科所举行。省科协副主席孙卫民，学会部部长黄丽芬，万年县委常委农工部部长乐志华，农业局局长陈章鑫，农业局党委书记韩代山，江西省生态经济学会理事长黄国勤等出席了揭牌仪式。江西省生态经济学会部分会员、万年县农业局相关人员、万年县科协、万年县农科所科研人员、江西农业大学博士硕士研究生、附近村民代表及学会邀请的专家共40余人参加了揭牌仪式，仪式由万年县农业局局长陈章鑫主持。

七、出版学术著作

（1）黄国勤（主编），广西红壤，北京：中国环境出版社，2014年2月。

（2）黄国勤（主编），广西生态，北京：中国环境出版社，2014年6月。

八、发展会员

2014年新发展团体会员1人。

江西省生态经济学会

2014年12月30日

江西省生态经济学会 2015 年度工作总结

在中国科协、江西省民政厅和江西省科学技术协会的领导下，在江西农业大学的支持下，经过理事会和全体会员的积极努力工作，江西省生态经济学会的工作在 2015 年度取得显著的成效，完成了预期的各项任务。现简要总结如下。

一、举办学术年会

2015 年 12 月 19—20 日，由江西省生态经济学会主办，江西省生态经济学会科技服务站、江西农业大学生态科学研究中心承办的“江西省生态经济学会 2015 年学术年会暨循环经济理论与实践学术研讨会”在江西余江县召开。本次年会研讨的主题是“循环经济理论与实践”。来自江西农业大学、江西师范大学、江西省农科院、江西省气象局、江西省科学院、江西省山江湖开发治理委员会办公室、余江县农业局、邓家埠原种场农科所、余江县农科所、万年县科协、万年县农业局等单位的 50 余名代表参加会议。

会议由江西省生态经济学会理事长、江西农业大学首席教授黄国勤主持，江西省科技协会副主席孙卫民、余江县人民政府副县长陈党红以及余江县农业局局长陈世忠出席开幕式。黄国勤、殷剑敏、戴年华、傅琼等 7 位专家作大会报告，内容涉及循环经济理论、实践及适应气候变化的研究。

走绿色低碳循环的发展道路是大势所趋，这次会议的召开，对于全省循环经济的发展、资源高效利用和循环利用、经济社会可持续发展具有积极的推动作用。大会共收到交流论文 20 余篇。

二、召开常务理事会

2015 年学会召开了 1 次常务理事会，讨论、研究了学会有关工作。

2015 年 12 月 19 日晚，江西省生态经济学会在江西省余江县余江大酒店 5 楼会议室召开了常务理事（扩大）会议。参加会议的人员有理事长黄国勤教授、副理事长谢元态教授、肖运萍研究员，常务理事戴年华研究员、殷剑敏研究员，理事倪才英教授及秘书长王淑彬老师等。会议由学会理事长黄国勤教授主持。

理事长黄国勤教授把要讨论的主要事项向大家做了说明。会议主要完成了以下几项议程：

（1）学会秘书长王淑彬通报了学会 2015 年年度工作。

（2）围绕学会 2016 年拟开展的工作进行了讨论。副理事长肖运萍提出 2016 年主要活动是理事会换届，建议对学会会员进行一次各个单位的整理，多发展会员。常务理事殷剑敏提出学会除了学术交流外，能否搞一个基地或平台。QQ 群人太少，18 个人，要多发展会员，扩大队伍。常务理事戴年华建议学会可多邀请些企业老总加入，可以提供赞助。理事倪才英建议会员可以进行分类，成立专业委员会，专业相近的可以组织学术会议。还有就是能不能用学会的平台，以课题的形式凝聚队伍和人才，申报一些大项目。

（3）学会理事长黄国勤教授进行了总结。

三、建立科技服务站

2015 年 12 月 20 日，江西省生态经济学会科技服务站揭牌仪式在余江县农业局举行。江西省科协副主席孙卫民，江西省生态经济学会理事长黄国勤教授，余江县农业局局长陈世忠、党委副书记方登、副局长李秋兴、总农艺师吴金发，江西省生态经济学会副理事长肖运萍以及余江县农业局、农科所、生态经济学会等相关人员出席了揭牌仪式，揭牌仪式由余江县农业局局长陈世忠主持。

江西省生态经济学会理事长黄国勤教授在致辞中表示，科技服务站建立以后，重在发挥生态经济学会的智力和组织优势，为该县农业部分提供农业新技术新成果、科技培训等多种形式的科技服务，为促进余江县农业创新发展、农民增收致富提供有力支持！

江西省生态经济学会科技服务站是省科协学会科普能力提升的重要组成部分，其目的是依托省科协所属各省级学会的智力优势和组织优势，使学会与基层单位建立相对固定的、长期的联系，为基层单位提供产学研合作、新技术新成果推广、新产品开发、学术交流与研讨、技术培训、科技咨询等多种形式的科技服务。

四、参加国际和国内学术交流

理事长黄国勤于 2015 年 1 月 17—19 日参加中国科学院南京土壤研究所等单位主办的“重金属污染土壤修复治理技术及公众参与研讨会”。2015 年 3 月 29—30 日在福建尤溪参加“全球重要农业文化遗产专家咨询研讨会”。2015 年 3 月 30 日—4 月 1 日参加农业部国际合作司、农业部国际交流服务中心主办的“全球重要农业文化遗产（中国）工作交流会”。2015 年 4 月 9—11 日参加第十届中国软科学学术年会、中国软科学研究会第五届会员代表大会暨第五届理事会换届选举大会，参加“中国科协 2015 年年会”。2015 年 6 月 5 日参加“林业复合经营与林下经济发展学术研讨会”。2015 年 6 月 15 日参加“中国红壤农业生态文明建设发展战略研讨会”。2015 年 7 月 24—26 日参加由中国生态学学会农业生态专业委员会主办、云南农业大学承办的“第十七届中国农业生态与生态农业研讨会”。2015 年 8 月 5—7 日参加中国环境科学学会 2015 年学术年会。2015 年 9 月 19—20 日参加“水土保持技术集成创新与乡村循环农业转型升级学术研讨会暨福建省农学会立体农业分会 2015 年年会”。2015 年 10 月 10—13 日参加第二届全国农业文化遗产学术研讨会。2015 年 10 月 17 日作为大会特邀专家，参加中国作物学会主办的“作物多熟种植与国家粮油安全高峰论坛论”，并在大会上作“多熟种植的概念、功能与特征”特邀大会报告。2015 年 10 月 18—20 日参加“3rd International Symposium on Sustainable Agriculture for Subtropical Regions” 会议，在第 1 分会场上作了 “Explore on Problems of Food Safety in China” 的专题报告，并主持第 3 分会场会议。2015 年 10 月 22—24 日参加“2015 年全国作物生产与粮食安全博士后学术论坛”。2015 年 11 月 27 日参加“江西省气象学会第十二次会员代表大会”。2015 年 11 月 27—28 日应邀参加“山东省社科论坛——生态文化与生态环境建设全国学术研讨会”。2015 年 12 月 24—26 日参加由国家红壤改良工程技术中心、江西省科学技术协会主办的“红壤区域生态高值农业的理论、实践及展望”学术研讨会。

会员杨文亭 2015 年 7 月参加了第十七届全国农业生态学学术研讨会。9 月参加了中国生态学学会 2015 年学术年会。2015 年 11 月参加了第六届农业环境科学研讨会和生物质炭与农业可持续发展探讨会。2015 年 8 月获得留学基金委地方合作项目（201508360108）。

会员杨滨娟 2015 年 9 月 23—25 日，在四川省成都市参加了由中国生态学学会主办的“第十四届中国生态学大会”；11 月 15—18 日在福建省福州市参加了由农业部环境保护科研监测所主办的“第 6 届全国农业环境科学学术研讨会”；11 月 23—26 日，在浙江省临安市参加了由中国土壤学会土壤化学专业委员会主办的 2015 年生物质炭与农业可持续发展学术研讨会；12 月 11—12 日参加了江西省作物学会 2015 年学术年会。

五、社会活动与科技服务

2015 年 5 月 17—19 日，理事长黄国勤受江西省社会科学联合会特邀，参加“大力推进生态文明，努力建设美丽吉水——社科大讲堂走进吉水”活动，在对吉水县生态文明进行实地考察、调研的基础上，为全县领导和群众 500 人做了“生态文明理论与实践”的专题讲座。

2015 年 11 月 1 日理事长黄国勤应邀参加由中共江西省委宣传部、江西省社联主办的“生态文明 • 绿色崛起——江西公共生态文明论坛”，并做了专场演讲。

2015 年 6 月 7—13 日理事长黄国勤参加江西省政协人资环委“加强水环境保护，推进生态文明建设”专题调研组赴吉安市（包括吉安市、安福县、万安县）、赣州市（包括赣州市、信丰县、于都县）进行调研。

2015 年 6 月 17—19 日参加江西省政协人资环委“加强水环境保护，推进生态文明建设”专题调研组赴九江市（包括永修县、共青城市、星子县、九江市）进行调研。

2015 年 11 月 18 日应邀为江西省农村社会事业发展局主办的“2015 年江西省休闲农业和农业文化遗产培训班”授课，授课主题：农业文化遗产及其保护简论。

会员杨滨娟 2015 年参加江西省科技特派团富民强县工程“赣县水稻团队”。

六、出版学术著作

（1）黄国勤编著，《农业生态学：理论、实践与进展》，北京：中国环境出版社，2015 年 3 月。

（2）黄国勤著，《循环农业理论与实践》，北京：中国环境出版社，2015 年 6 月。

（3）黄国勤（参编），《西南喀斯特植物与环境》，北京：科学出版社，2015 年 6 月。

（4）黄国勤主编，《建设中的江西生态文明》，北京：中国环境出版社，2015 年 9 月。

（5）赵其国、黄国勤主编，《广西红壤肥力与生态功能协同演变机制与调控综合报告》，北京：科学出版社，2015 年 11 月。

七、发表论文（*指通信作者）

（1）Guoqin HUANG，Existing Problems of Agricultural Development in China and Recommendations，*Asian Agricultural Research*，2015，7（4）：13-17。

（2）Lijin ZHANG，Binjuan YANG，Guoqin HUANG*，Hongjun CHEN，Kang LIU，Effects of Green Manure Rotation on Rice Growth Dynamics and Nitrogen Uptake and Utilization，*Agricultural Science & Technology*，2015，16（5）：962-967。

（3）Guoqin Huang，Yinan Huang. Explore on Problems of Food Safety in China. 3rd International Symposium on Sustainable Agriculture for Subtropical Regions. October 18-21，2015，Changsha，China：45-58。

（4）黄国勤、缪建群，农业系统工程若干问题探讨，农机化研究，2015，（7）：1-5。

（5）王燕、黄国勤*、赵其国、唐以进，广西农业气象灾害特征分析及其对农业生产的影响，农学学报，2015，5（3）：92-96。

（6）黄国勤，论鄱阳湖生态经济区循环农业发展，农学学报，2015，5（3）：113-121。

（7）黄海裙、李晓红、胡雪华、周兵、黄国勤*，短期增温对克隆植物剑叶金鸡菊生长及生物量的影响，生态科学，2015，34（2）：22-26。

（8）黄国勤、赵其国，杨惟义生态思想探讨，江西科学，2015，33（3）：287-292（转 342）。

（9）徐健程、黄海裙、张源生、王晓维、许冬华、黄国勤*，干旱胁迫和复水对金沙柚生理变化的影响，广东农业科学，2015，（16）：12-18。

（10）缪建群、伍健、黄国勤*、钟培华，基于线性模型的江西省农业发展对策研究，广东农业科学，2015，（19）：151-158。

（11）黄国勤、杨滨娟、王淑彬、黄小洋、张兆飞、姚珍、黄禄星、赵其国，稻田实行保护性耕作对水稻产量、土壤理化及生物学性状的影响，生态学报，2015，35（4）：1225-1234。

（12）赵其国、黄国勤*、王礼献，中国南方森林生态系统的功能、问题及对策，森林与环境学报，2015，35（4）：289-296。

（13）唐安来、黄国勤*、吴登飞、王礼献，绿色生态农业——江西绿色崛起的必然选择，农林经济管理学报，2015，14（5）：538-545。

八、发展会员

2015 年新发展会员 7 人。

江西省生态经济学会

2015 年 12 月 30 日

江西省生态经济学会 2016 年度工作总结

在中国科协、江西省民政厅和江西省科学技术协会的领导下，在江西农业大学的支持下，经过理事会和全体会员的积极努力工作，江西省生态经济学会的工作在 2016 年度取得显著的成效，完成了预期的各项任务。现简要总结如下。

一、举办学术年会

2016 年 11 月 19—20 日，由江西省生态经济学会主办，江西省生态经济学会科技服务站、江西农业大学生态科学研究中心承办的“江西省生态经济学会 2016 年学术年会暨绿色经济发展学术研讨会”在江西省南昌市滨江宾馆召开。本次年会研讨的主题是“绿色经济发展——理论、实践、模式与途径”。来自江西农业大学、江西财经大学、江西省农科院、江西省社科院、江西省农业厅等单位的 40 余名代表参加会议。

会议由江西省生态经济学会理事长、江西农业大学首席教授黄国勤主持，江西省科学技术协会副主席孙卫民出席了会议。黄国勤等做了大会报告，内容涉及绿色经济理论、实践及绿色产业方面的研究。

走绿色低碳循环的发展道路是大势所趋，这次会议的召开，对于全省绿色经济的发展、资源高效利用和经济社会可持续发展具有积极的推动作用。大会共收到交流论文近 20 篇。

二、召开常务理事会

2016年11月20日（下午），江西省生态经济学会2016年常务理事（扩大）会议，在南昌市（滨江宾馆）召开，会议由理事长黄国勤主持，副理事长肖运萍、秘书长王淑彬等10余人参加会议。会议就学会2016年的工作进行了梳理和总结，对2017年拟开展工作进行了讨论。

黄国勤理事长对学会工作提出三点意见和要求：一是要求全体常务理事、理事切实担负起学会工作的“责任”，为学会发展出谋献策、贡献力量；二是要求学会常务理事、理事带领学会会员，深入江西各地生态经济建设和实践的“主战场”，把所学的生态经济学理论知识应用到各地生态经济建设的实践，与实践结合，并指导实践，以共同推进江西生态经济向前发展；三是要多观察、善总结、勤动笔，积极撰写具有理论和实践价值的生态经济论文，繁荣江西生态经济学科。

三、参加学术交流活动

学会理事长黄国勤参加中国井冈山干部学院主办的“2016‘美丽中国’建设学术研讨会”，并在会上做了“论‘美丽中国’建设”的特邀学术报告，2016年1月8—10日于中国井冈山干部学院；参加中国科学院南京土壤研究所召开的“土壤养分管理国家工程实验室科学技术委员会会议”，并被聘为该实验室第一届科学技术委员会委员，2016年5月17日于南京；应邀参加“新余国家农业科技园区”考察与评审，2016年7月5日；参加中国生态学学会农业生态专业委员会2016年年会暨集约农业生态系统可持续发展研讨会，并作大会报告“中国南方农业生态系统可持续发展面临的问题及对策”，2016年7月12—13日于山东桓台；应邀参加江西财经大学江西省生态文明制度协同创新中心项目评审，2016年7月20日；参加循环农业课题暑期总结会，2016年7月21日于靖安江钨度假村；参加中国生态经济学会第九届会员代表大会暨生态经济与生态城市学术研讨会，并作大会报告“城市生态问题与生态城市建设”，2016 年 7 月 22—24 日于贵州贵安新区；应邀为 2016 年全国专业技术人才知识更新工程“红壤改良与高值农业发展模式”高级研修班授课（讲座）“红壤区域生态高值农业理论与实践”，2016 年 7 月 28 日于南昌（江西省农科院）；参加“2016 中国生态经济建设·信阳论坛”，并作大会报告“打造美丽中国‘江西样板’的重大意义及战略对策”，2016 年 7 月 29—31 日于河南信阳；参加中国农学会耕作制度分会 2016 年学术年会，并作大会报告“轮作休耕问题探讨”，2016 年 7 月 31 日—8 月 2 日于新疆乌鲁木齐；应邀参加广昌县白莲及农业文化遗产考察，2016 年 8 月 5 日；参加“江西省气象学会第十二届理事会常务理事会第一次会议”，并当选为江西省气象学会气象教育合作委员会副主任委员，2016 年 8 月 8—9 日，九江星子；参加“第十五届中国生态学大会”，并在“生态农业的区域特色与生物多样性利用”分会场作题为“江西绿色生态农业的发展”的报告，同时还主持该分会场会议，由中国生态学学会主办，兰州大学承办，2016 年 8 月 25—27 日于甘肃兰州；参加中国生态学学会组织的“全国生态建设示范市考察及专家论证会”，2016 年 9 月 2—4 日于江苏常州；参加江西省农科院“博士后开题报告会”，任评审专家，2016 年 9 月 8 日（上午）于省农科院；参加中国科学院学部咨询评议项目“探索实行耕地轮作休耕制度试点问题辨咨询研究”启动会，并做报告：我国耕地轮作休耕制度发展现状与问题，主办单位：中国科学院学部工作局，2016 年 10 月 9—10 日于南京（中国科学院南京土壤研究所）；参加江西省农学会六届三次常务理事会，2016 年 9 月 20 日于南昌；参加樟树市农业局组织的“农作物种子质量纠纷田间现场鉴定”（樟树市阁山镇、大桥街办、观上镇樟树市药都南路），并任鉴定专家组组长，2016 年 9 月 27 日于樟树市；参加“第十二届中国软科学学术年会”，并提交会议交流论文“以创新为动力推进农业软科学发展”，2016 年 10 月 13—14 日于北京；参加国家重点研发计划“粮食作物丰产增效资源配置机理与种植模式优化”项目启动会，并汇报：课题 8 长江中游双季稻三熟区资源优化配置与增效种植模式，2016 年 10

月 15 日于北京；参加中国科学院遗传与发育生物学研究所农业资源研究中心、《中国生态农业学报》编辑部主办的“《中国生态农业学报》编委会会议”，2016 年 10 月 22—24 日于河北石家庄；参加江西省农学会六届四次常务理事会，2016 年 11 月 4 日于南昌；参加由中国科学技术协会主办、江西省科学技术协会承办的“中国稻作起源地学术研讨会”，2016 年 11 月 8 日于万年县；参加“江西省农学会成立 60 周年暨华东地区农学会 2016 年学术年会”，并作大会交流报告“江西省耕地轮作休耕现状、问题及对策”，2016 年 11 月 14 日于南昌；参加“现代生态循环农业研讨会”，并在会上作题为“长江中下游地区循环农业的发展”的报告，2016 年 11 月 26 日于广州（华南农业大学）；参加农业部华南热带农业环境重点实验室、广东省现代生态农业与循环农业工程技术研究中心技术委员会会议，并被聘为“广东省现代生态农业与循环农业工程技术研究中心第一届技术委员会委员”，2016 年 11 月 27 日于广州（华南农业大学）；参加南昌大学“生态学学士学位授权专业评审会”，南昌大学生命科学学院生态学系，2016 年 12 月 3 日；参加中国科学技术协会主办，江西省科学技术协会等承办的“第六届中国湖泊论坛”，提交会议交流论文“中国湖泊生态系统的特征与功能”，并入选《湖泊流域综合管理与生态文明——第六届中国湖泊论坛论文摘要集》，2016 年 12 月 8—9 日于南昌；参加“省政协人口资源环境委员会第八次全体委员（扩大）会议”，2016 年 12 月 12 日。

四、社会活动与科技服务

理事长黄国勤带领团队负责起草的“推进江西绿色生态农业十大行动计划”，成为江西省人民政府办公厅文件《江西省人民政府办公厅关于推进绿色生态农业十大行动计划的意见》（赣府厅发〔2016〕17 号）于 2016 年 4 月 8 日正式发布；带领科研团队参加崇义县农业文化遗产调研和研讨，并协助其申报“全球重要农业文化遗产”，2016 年 4 月 10—11 日；参加“湖南省 2016 年重点实验室评审”，

2016 年 5 月 26 日；接待广东省保护性耕作考察团，并陪同参观农大试验田、余江农科所试验点和邓家埠水稻原种场试验田，2016 年 8 月 10—12 日；接待广东省保护性耕作考察团，并陪同参观农大试验田、余江农科所试验点和邓家埠水稻原种场试验田，2016 年 8 月 10—12 日；作为国家社会科学基金通信鉴定专家，受全国哲学社会科学规划办公室委托，对国家社会科学基金项目成果“农业重大旱灾灾后恢复力评估及防灾减灾机制研究”进行了通信鉴定，2019 年 9 月 10 日；参加中国科学院南京土壤研究所、南京农业大学主持的“江西省余江县刘家站水田人工优质耕作层构建技术研究与示范”科研项目田间测产工作，2016 年 11 月 6 日；到万年县进行冬季农业、循环农业的实地调研，2016 年 11 月 8 日于万年县；为福建农林大学、湖南农业大学、广西大学等高校评阅博士、硕士学位论文 10 余篇；先后为《土壤学报》《生态学报》《农业工程学报》《中国农业科学》《农林经济管理学报》《江西科学》《江西农业大学学报》等期刊审稿 10 余篇。

五、出版学术著作

（1）黄国勤著，《江西生态系统研究》，北京：中国环境出版社，2016 年 4 月。

（2）黄国勤主编，《兴起中的江西循环经济》，北京：中国环境出版社，2016 年 8 月。

（3）黄国勤（编委，参编），《中国工程边坡生态修复技术与实践》，北京：中国农业科学技术出版社，2016 年 10 月。

六、发表论文（*指通信作者）

1. 期刊论文

（1）赵其国、黄国勤*、马艳芹，中国生态环境状况与生态文明建设，生态学报，2016，36（19）：6328-6335。

（2）杨滨娟、黄国勤*、陈洪俊、兰延，利于水稻氮素吸收的绿肥翻压量和施氮水平研究，植物营养与肥料学报，2016，22（5）：1187-1195。

（3）缪建群、杨文亭、杨滨娟、马艳芹、黄国勤*，崇义客家梯田区生态系统服务功能及价值评估，自然资源学报，2016，31（11）：1817-1831。

（4）马艳芹、钱晨晨、孙丹平、邓丽萍、黄国勤*、陆卫斌，施氮水平对稻田土壤温室气体排放的影响，农业工程学报，2016，32（增刊2）：128-134。

（5）黄国勤、黄依南，中国食品安全存在的问题及其治理对策，中国井冈山干部学院学报，2016，9（1）：124-131。

（6）杨滨娟、黄国勤*、陈洪俊、王淑彬，稻田复种轮作模式的生态经济效益综合评价，中国生态农业学报，2016，24（1）：112-120。

（7）杨滨娟、黄国勤*，稻田冬种绿肥生态环境效应的研究进展，生态科学，2016，35（5）：214-219。

（8）黄国勤、孙丹平、邓丽萍、孙松、钱晨晨、马艳芹，江西省林粮间作发展探讨，农学学报，2016，6（3）：87-94。

（9）杨滨娟、邓丽萍、王礼献、黄国勤*，江西崇义客家梯田农业生态保护的关键问题与途径，农学学报，2016，6（10）：40-47。

（10）王志强、王海、黄国勤*，都昌县冬季农业开发利用调研报告，农学学报，2016，6（8）：70-74。

（11）缪建群、杨文亭、黄国勤*，南方丘陵区农业机械化发展研究——以江西省余干县为例，农机化研究，2016，（4）：264-268。

（12）王志强、王海、黄国勤*、许晓清、梅艺华，鄱阳湖流域内企业排污权的市场交易模式研究，经济师，2016，（1）：92-94。

（13）崔爱花、孙天亮、夏绍南、李永旗、张丽娟、高红兵、黄国勤*，3 种熟性棉花品种在江西棉区的生态适应性研究，现代农业科技，2016，（2）：62-64。

（14）徐慧芳、宋同清、黄国勤、彭晚霞、曾馥平、张浩、杜虎，广西不同林龄马尾松碳储量及分配格局，农业现代化研究，2016，37（1）：195-203。

（15）赵梅、马艳芹、兰延、黄国勤*、杨滨娟，稻田冬种复种模式的综合效益研究，江西农业大学学报，2016，38（1）：198-206。

（16）王志强、王海、黄国勤*、许晓清，鄱阳湖流域企业排污第三方治理对策分析，合作经济与科技，2016，（4）：36-38。

（17）缪建群、杨文亭、黄国勤*，县域农业可持续发展研究——以江西省余干县为例，资源开发与市场，2016，32（4）：478-483。

（18）官春云、黄璜、黄国勤、孙丹平、梁玉刚，中国南方稻田多熟种植存在的问题及对策，作物杂志，2016，（2）：1-7。

（19）黄国勤，中国生态学要走向现代化，科技日报，2016 年 5 月 19 日第 006 版。

（20）黄国勤，坚持五大发展理念　推进生态文明建设，中国科技财富，2016，（7）：96。

（21）黄国勤、黄依南，中国食品安全存在的问题及其治理对策，高等学校文科学术文摘，2016，（2）：190。

2．会议交流论文

（1）黄国勤，论“美丽中国”建设，《2016“美丽中国建设”学术研讨会论文集》，中国井冈山干部学院，2016 年 1 月 8—10 日，224-236。

（2）黄国勤，城市生态问题与生态城市建设，《中国生态经济学学会 2016 年年会论文集》，中国生态经济学学会主办，2016 年 7 月 22—24 日于贵州贵安新区。

（3）黄国勤，江西绿色生态农业的发展，载《创新生态科学　建设美丽中国——第十五届中国生态学大会论文集》，中国生态学学会主办，兰州大学承办，2016 年 8 月 25—27 日于甘肃兰州，176-177。

（4）黄国勤，打造美丽中国“江西样板”的理论与实践探讨，《江西省高校生态学学科联盟成立大会暨首届学术年会文集》，江西农业大学生态科学研究中心，2016 年 9 月 18 日，7-14。

（5）张颖睿、黄国勤*，美丽中国“江西样板”的生态学内涵、特征与意义，

《江西省高校生态学学科联盟成立大会暨首届学术年会文集》，江西农业大学生态科学研究中心，2016年9月18日，15-17。

（6）钱晨晨、黄国勤*，绿色崛起，打造“江西样板”，《江西省高校生态学学科联盟成立大会暨首届学术年会文集》，江西农业大学生态科学研究中心，2016年9月18日，18-23。

（7）王志强、王海、黄国勤*，江西绿色经济崛起的生态学模式构建，《江西省高校生态学学科联盟成立大会暨首届学术年会文集》，江西农业大学生态科学研究中心，2016年9月18日，33-37。

（8）王兰、黄国勤*，大力发展生态学学科，打造美丽中国“江西样板”，《江西省高校生态学学科联盟成立大会暨首届学术年会文集》，江西农业大学生态科学研究中心，2016年9月18日，33-37。

（9）孙松、黄国勤*，农业生态学研究进展及趋势，《江西省高校生态学学科联盟成立大会暨首届学术年会文集》，江西农业大学生态科学研究中心，2016年9月18日，43-47。

（10）杨滨娟、孙松、陈洪俊、黄国勤*，稻田水旱轮作系统的能值分析和可持续性评价，《江西省高校生态学学科联盟成立大会暨首届学术年会文集》，江西农业大学生态科学研究中心，2016年9月18日，54-65。

（11）崔爱花、黄国勤*，气候变化对我国棉花生产的影响及应对措施，《江西省高校生态学学科联盟成立大会暨首届学术年会文集》，江西农业大学生态科学研究中心，2016年9月18日，66-72。

（12）邓丽萍、黄国勤*，城市生态学研究进展浅析，《江西省高校生态学学科联盟成立大会暨首届学术年会文集》，江西农业大学生态科学研究中心，2016年9月18日，113-118。

（13）黄国勤，以创新为动力推进农业软科学发展，《第十二届中国软科学学术年会论文摘要集》，中国软科学研究会，2016年10月13—14日于北京，21。

（14）黄国勤、赵其国，江西省耕地轮作休耕现状、问题及对策，《华东地区农学会 2016 年学术年会论文集》，江西省农学会，2016 年 11 月，146-154。

（15）黄国勤，绿色经济的提出、内涵与特征，《江西省生态经济学会 2016 年学术年会暨绿色经济发展学术研讨会论文集》，江西省生态经济学会，2016 年 11 月 20 日，1-4。

（16）崔爱花、杜传莉、杨滨娟、黄国勤*，红壤旱地棉田间作对棉花产量、土壤微生物及酶活性的影响，《江西省生态经济学会 2016 年学术年会暨绿色经济发展学术研讨会论文集》，江西省生态经济学会，2016 年 11 月 20 日，5-11。

（17）王志强、缪建群、王兰、王海、黄国勤*，江西省海山农场绿色稻米生产实践研究，《江西省生态经济学会 2016 年学术年会暨绿色经济发展学术研讨会论文集》，江西省生态经济学会，2016 年 11 月 20 日，69-79。

（18）张颖睿、黄国勤*，绿色经济趋势下绿色生态农业的发展之路，《江西省生态经济学会 2016 年学术年会暨绿色经济发展学术研讨会论文集》，江西省生态经济学会，2016 年 11 月 20 日，117-121。

（19）邓丽萍、黄国勤*，鄱阳湖生态经济区发展生态农业的思考，《江西省生态经济学会 2016 年学术年会暨绿色经济发展学术研讨会论文集》，江西省生态经济学会，2016 年 11 月 20 日，122-129。

（20）黄国勤，中国湖泊生态系统的特征与功能，《湖泊流域综合管理与生态文明——第六届中国湖泊论坛论文摘要集》，中国科学技术协会编，2016 年 12 月，45。

七、发展会员

2016 年新发展会员 3 名。

江西省生态经济学会

2016 年 12 月 30 日

江西省生态经济学会 2017 年度工作总结

在中国科协、江西省民政厅和江西省科学技术协会的领导下，在江西农业大学的支持下，经过理事会和全体会员的积极努力工作，江西省生态经济学会的工作在 2017 年度取得显著的成效，完成了预期的各项任务。现简要总结如下。

一、举办学术年会

2017 年 12 月 17 日，江西省生态经济学会第三届会员代表大会暨 2017 年学术年会在江西农业大学校友楼召开。江西农业大学副校长黄英金致欢迎词，江西省科协副主席孙卫民到会指导并做了讲话。来自全省各地从事生态经济管理、教学、科研和推广的领导、专家、学者共计 60 余人出席了此次会议。会议由江西省生态经济学会理事长黄国勤教授主持。

会议深入学习了党的十九大精神，选举产生了江西省生态经济学会第三届理事会，黄国勤当选为学会第三届理事长，肖运萍、殷剑敏、李志萌、戴年华当选为副理事长，王淑彬当选为秘书长。会议同时选举产生了江西省生态经济学会第三届理事会，选举产生常务理事 18 名，理事 53 名。

会议还以“建设国家生态文明试验区”为主题，开展了学术研讨。黄国勤、殷剑敏、李志萌、谢花林、张利国、余达锦等专家就江西省生态经济领域最新研究成果做大会报告，并开展了学术交流与讨论。大会共收到交流论文 20 余篇。

在江西省“建设国家生态文明试验区”的新形势下，习近平总书记强调，绿色生态是江西最大财富、最大优势、最大品牌，一定要保护好，做好治山理水、显山露水的文章，走出一条经济发展和生态文明水平提高相辅相成、相得益彰的路子，打造美丽中国“江西样板”。

二、召开常务理事会

2017 年 10 月 28 日，在江西农业大学生态科学研究中心召开了江西省生态经济学会 2017 年第一次常务理事会，学会理事长、江西农业大学首席教授黄国勤，副理事长鄢帮有、肖运萍，秘书长王淑彬等 10 人出席会议。会议由黄国勤理事长主持。

会议简要总结了江西省生态经济学会近些年的工作，重点讨论了学会理事会换届相关事宜，确定了会员代表大会召开时间，并形成换届工作方案暨江西省生态经济学会第三届理事会理事候选人产生办法。总的原则——扩大理事候选人的推荐范围，涵盖省市教学单位、科研单位、机关事业单位、企业单位，以及基层相关单位人员，适当增加第一线工作的青年科技人员比例和贡献突出的人员；产生方式——采用单位推荐、现任理事推荐和个人自荐三种方式相结合，综合考虑；理事候选人标准——理事候选人应是从事生态经济学或相关学科的学术带头人（教授/副教授或相当职称人员），或者青年学术骨干（讲师/博士以上）。

三、参加学术活动

据不完全统计，学会成员共参加学术活动 31 次。

理事长黄国勤 2017 年 2 月 14—15 日于北京参加中国生态学学会第九届理事会第八次常务理事会议；2017 年 2 月 15—17 日于北京（中国农业大学金码大厦）参加全国《耕作学》《农业生态学》课程建设研讨会，并在会上做报告；2017 年 2 月 28 日于省农科院参加江西省农科院“江西现代农业转型升级高效种植模式研究”项目课题执行情况汇报暨执行专家组会议，任咨询（点评）专家；2017 年 3

月25—27日于深圳厦门日懋城建园林建设股份有限公司参加《中国美丽乡村建设的生态工程技术与实践》编委会会议；2017年4月3日于鹰潭参加“鹰潭籍知名人士恳谈会”；2017年5月13—15日于北京参加中国农业大学主办《农业原理》教材编写会议；2017年6月24—25日于武汉参加“2017中国生态经济建设• 南湖论坛”；2017年7月11—14日于浙江湖州参加第四届东亚地区农业文化遗产研究会学术研讨会，提交会议论文；2017年8月11日参加第十八届中国农业生态与生态农业研讨会，并作分会场报告；2017年8月12日主持“全球变化背景下的生态农业模式”专题分会场会议；2017年8月17—18日于安徽合肥参加“全国第十七届水稻优质高产理论与技术研讨会”；2017年8月18—19日于安徽合肥参加中国工程院咨询研究项目“长江经济带水稻生产绿色发展战略研究”推进会；2017年8月31日—9月3日于山东曲阜参加“2017年华东地区农学会暨山东农学会学术年会”，并作大会报告；2017年9月8—14日于贵州参加江西省人社厅专家服务中心组织的“2017年度专家休假暨贵州生态考察”活动；2017年9月18—20日于安徽合肥参加中国土壤学会第十三届二次理事扩大会议暨“健康土壤助推绿色发展”学术研讨会——我国耕地轮作休耕制度试点问题战略研讨会，并作专题报告；2017年11月7日于鹰潭参加“全市科技奖励暨科技创新大会”；2017年12月9—10日于北京参加第十三届中国软科学大会，并提交会议交流论文；2017年12月12—13日于北京人民大会堂应邀参加中国农学会成立100周年回顾活动；2017年12月22日于江西财经大学参加江西省青年重大科技项目“鄱阳湖流域生态保护红线空间的识别机理与预警机制研究”验收会，并任验收专家组副主任委员。

常务理事陈葵2017年5月5—8日在陕西西安参加“有机废弃物资源化利用研讨会”；2017年11月21—22日在北京参加“首届丝绸之路沿线民间组织合作网络论坛”。理事杨文亭2017年8月6—9日在江苏苏州参加中国植物营养与肥料学会2017年学术年会。理事潘丹2017年10月12—15日在江苏南京参加2017中国农林经济管理学术年会；2017年10月20—22日在四川成都参加中国城郊经济研究会 2017 年学术年会。理事胡桂萍 2017 年 10 月 19—22 日在山东临沂参加 2017 年中国农业资源与区划学会学术年会；2017 年 11 月 8—12 日在湖南长沙参加中国智慧屋保护学会第十二次全国会员代表大会暨 2017 年学术年会。理事吕爱清、赵志刚 2017 年 7 月在宁夏银川参加海峡两岸生态保育学术会议；2017 年 10 月在江西南昌参加华中地区地理学术会议；2017 年 11 月在广东广州参加全国景观生态学术会议；2017 年 11 月在江苏南京参加南方耕作制度与可持续发展学术会议；2017 年 12 月在浙江宁波参加全国土地学术会议；2017 年 12 月在江西宜春参加海峡两岸生态文明建设学术会议。

四、社会活动与科技服务

据不完全统计，学会成员共参加社会活动与科技服务 13 次。

理事长黄国勤 2017 年 1 月 6 日于省农业厅参加江西省农业厅环保站、土肥站等主办的“贯彻落实习近平总书记重要讲话精神座谈会”，并在会上做了发言；2017 年 1 月 24—25 日于省发改委（省行政中心）参加江西省发展和改革委员会组织的“关于开展农村产业融合发展省级试点示范县”评审；2017 年 3 月 3 日于修水县何市镇参加江西农业大学农学院组织的“江西农业大学 2017 年春季（赴修水县）农业科技下乡咨询服务活动”；2017 年 3 月 10—12 日于江苏南京参加“江苏省耕地轮作休耕制度试点问题座谈会暨考察调研（浦口区、高淳区）”，并在会上做了报告；2017 年 4 月 12 日赴余江县农科所、邓家埠水稻原种场、中国科学院红壤生态实验站进行耕作制度考察和调研；2017 年 4 月 23—26 日于湖南长株潭地区参加中国科学院学部咨询项目“探索实行耕地轮作休耕制度试点问题咨询研究”湖南省调研考察会；2017 年 4 月 30 日受江西省红壤研究所之邀，带领研究生赴进贤西湖李家考察美丽乡村建设；2017 年 7 月 27—29 日于宜春市农业科学研究所参加由江西省人社厅国际人才交流和专家（留学人员）服务中心组织的赴宜春开展技术咨询活动；2017 年 8 月 19—21 日于江苏太仓参加中国科学院学部咨询项目“探索实行耕地轮作休耕制度试点问题咨询研究”阶段性总结研讨会及江苏地区（太仓市）考察，并在会上做报告；2017 年 5 月 10—11 日参加江西省人社厅（省国际人才交流与专家留学人员服务中心）组织的赴萍乡下基层活动，到对口服务单位江西省萍乡市清芯农庄农业发展有限公司实地考察、调研与指导；2017 年 6 月 25—28 日于河北省石家庄、衡水、雄安新区等参加中国科学院学部咨询项目河北省轮作休耕调研考察会；2017 年 11 月 8—10 日于南昌县委党校为江西省农函大农村新型人才素质提升培训暨南昌市农函大果蔬栽培管理技术培训示范班讲授“农业生态环境保护与绿色农业”专题；2017 年 11 月 29 日为青海省西宁市“三区”受培计划科技人才培训班讲授“我国循环农业的几个问题”专题。

五、出版著作

据不完全统计，学会成员共出版著作 5 部，具体如下：

（1）黄国勤（副主编），《赵其国文集•农业发展卷》，北京：科学出版社，2017 年 9 月。

（2）黄国勤主编，《崛起中的江西绿色经济》，北京：中国环境出版社，2017 年 11 月。

（3）黄国勤主编，《生态学与打造美丽中国“江西样板”》，北京：中国环境出版社，2017 年 11 月。

（4）黄国勤（主编），《中国美丽乡村建设生态工程技术与实践》，北京：中国农业科学技术出版社，2017 年 11 月。

（5）黄国勤（主编），《现代农业与生态文明》，北京：科学出版社，2017 年 12 月。

六、发表论文（*指通信作者）

据不完全统计，学会成员共发表论文 75 篇，其中代表性论文如下：

（1）M. Aamer，R. Ahmad，S. A. Anjum，M. U. Hsan，F. Rasul，W. Zhiqiang，H. Z. U. Qasim，F. A. Chaudhary and H. Guoqin*，Production Potential of Ratoon Crop of Sugarcane Planted under Varying Planting Dimensions，Academia Journal of Agricultural Research，2017，5（3）：736-741。

（2）Muhammad Umair Hassan，Muhammad Aamer，Muhammad Umer Chattha，Muhammad Aman Ullah，Saira Sulaman，Muhammad Nawaz，Wang Zhiqiang，Ma Yanqin and Huang Guoqin*，The Role of Potassium in Plants under Drought Stress：Mini Review. Journal of Basic & Applied Sciences，2017，13：266-271。

（3）缪建群、孙松、王志强、黄国勤*，江西高天岩自然保护区生态系统服务功能价值评估，生态学报，2017，37（19）：6422-6430。

（4）王志强、崔爱花、缪建群、王海、黄国勤*，淡水湖泊生态系统退化驱动因子及修复技术研究进展，生态学报，2017，37（18）：6253-6264。

（5）王志强、田娜、缪建群、王海伦、王海、黄国勤*，基于组合可拓综合分析法的鄱阳湖流域水质富营养化评价，生态学报，2017，37（12）：4227-4235。

（6）崔爱花、周丽华、杨滨娟、黄国勤*，红壤旱地不同复种方式的生态功能评价，应用生态学报，2017，28（2）：456-464。

（7）缪建群、王志强、杨文亭、孙松、黄国勤*，崇义客家梯田生态系统服务功能，应用生态学报，2017，28（5）：1642-1652。

（8）赵其国、滕应、黄国勤，中国探索实行耕地轮作休耕制度试点问题的战略思考，生态环境学报，生态环境学报，2017，26（1）：1-5。

（9）黄国勤、赵其国，轮作休耕问题探讨，生态环境学报，2017，26（2）：357-362。

（10）黄国勤，中国南方农业生态系统可持续发展面临的问题及对策，中国生态农业学报，2017，25（1）：13-18。

（11）黄国勤、赵其国，江西省耕地轮作休耕现状、问题及对策，中国生态农业学报，2017，25（7）：1002-1007。

（12）黄国勤，树立正确生态观 统筹山水林田湖草系统治理，中国井冈山干部学院学报，2017，10（6）：128-132。

（13）李志萌. Research on Transformation Development of Pig Industry with Environment and Resource Restriction. ECONOMIC AND SOCIAL CHANGES，2016年第2期。

（14）李志萌. 让良好生态成为最普惠的民生福祉.《江西日报》“学与思”版，2017年2月5日。

（15）李志萌. 扬优成势推进绿色崛起.《江西日报》“学与思”版，2017年6月11日。

（16）李志萌. 生态文明：从理念到实践.《江西日报》“学与思”版，2017年10月15日。

（17）李志萌，等. 生猪价格波动规律的形成机理与调控对策. 农林经济管理学报，2016年第6期。

（18）李志萌，等. 长江经济带一体化保护与治理的政策机制研究. 生态经济，2017年11期。

（19）潘丹，张宁，孔凡斌. The role of agricultural training on fertilizer use knowledge：A randomized controlled experiment. Ecological Economics，Forthcoming。

（20）潘丹，杨佳莹，郭巧苓，张宁. Toward better environmental performance in hog production in China：Is intensification the answer？ Ecological Indicators，2017，11。

（21）潘丹*，孔凡斌，张宁*，应瑞瑶. Knowledge Training and the Change of

Fertilizer Use Intensity：Evidence from Wheat Farmers in China [J]. Journal of Environmental Management，2017，197（7），130-139。

（22）潘丹，应瑞瑶*，黄祖辉. Determinants of Residential Solid Waste Management Services Provision：A Village-Level Analysis in Rural China [J]. Sustainability，2017，9（1），110-125。

（23）Shi LQ，Liette V，Hu GP（胡桂萍），Liu X，You MS. Adult Tea Green Leafhoppers，Empoasca onukii（Matsuda），Change Behaviors under Varying Light Condition[J]. PLOS ONE，2017，DOI：10.1371/journal.pone.0168439。

（24）吕爱清，罗天相，刘沐生. 隐性饥饿的研究现状与应对策略. 中国食物与营养，2017，（6）：5-8。

（25）赵志刚，余德，韩成云，王凯荣. 鄱阳湖生态经济区生态系统服务价值预测与驱动力. 生态学报，2017 年第 24 期。

（26）赵志刚，余德，韩成云，王凯荣. 2008—2016 年鄱阳湖生态经济区生态系统服务价值的时空变化研究. 长江流域资源与环境，2017，（2）：198-208。

七、社会兼职、学术荣誉

理事长黄国勤 2017 年 5 月 12 日被推荐为“科学中国人 2016 年度人物·农业领域提名人”;《海峡科技与产业》报道文章“发展生态科学 建设生态文明——记江西农业大学首席教授黄国勤”;《余江名人典记》记载“黄国勤——江西省农业科学学术带头人”;《科技文摘·中国新闻网》报道“书写绿色梦想的人——记江西农业大学黄国勤教授”。

八、获得奖励和荣誉

理事长黄国勤撰写的文章《中国生态学要走向现代化》被评为全国优秀理论

成果一等奖；指导毕业论文“施氮和间作对红壤旱地作物生产力、氮素利用及土壤生态环境的影响”被评为2016年度江西省优秀硕士学位论文；项目成果“江南丘陵区双季稻田周年多作复合共生种植技术研究与示范”荣获2016年度江西省科技进步奖三等奖、“江南丘陵区双季稻田周年多作复合共生种植技术研究与示范”荣获2016年度鹰潭市科技进步奖一等奖。

与副理事长李志萌合作研究报告“江西提出把油茶产业打造成老区人民脱贫致富的绿色产业”获江西省第十七次社会科学优秀成果二等奖；主持研究报告“鄱阳湖区规模化畜禽养殖污染治理模式与支持政策研究”获2017年农业部软科学课题优秀研究成果三等奖；著作《低碳经济与区域发展》获江西省第十七次社会科学优秀成果三等奖；研究报告“江西省美丽乡村建设存在的问题及建议”获刘奇省长、毛伟民常务副省长批示；研究报告“永丰县家庭农场发展的经验与启示”获三位省领导批示；研究报告“新时代新向往：以科技之力解脱贫之困”获国务委员杨晶同志批示。

江西省生态经济学会

2017年12月30日